情色之旅

各種情色現場的另一種實況

李憲章◎著

序言

這些話，一定得先告訴您……

寫出這樣的書，或許會讓一些人感到驚訝！

其實，這些內容在雜誌刊載時，就已經受到不少人（包括識與不識者）的關切與注意。

有人問我：「你不是經常標榜深度旅遊嗎？怎麼……」

也有人用難以置信的語氣說：「眞沒想到，原來你……」

聽到人家（不管是男是女）這樣問，或者用某種不可思議的眼光瞧著我時，我都覺得很有意思。

有時候，我也會笑著回答對方：「深度旅遊，不就是更廣泛、深入的去瞭解一個國家、城市，或者住在那裡的人嗎？」

既然我會在行程中，安排遊逛市場、學校、醫院、圖書館……

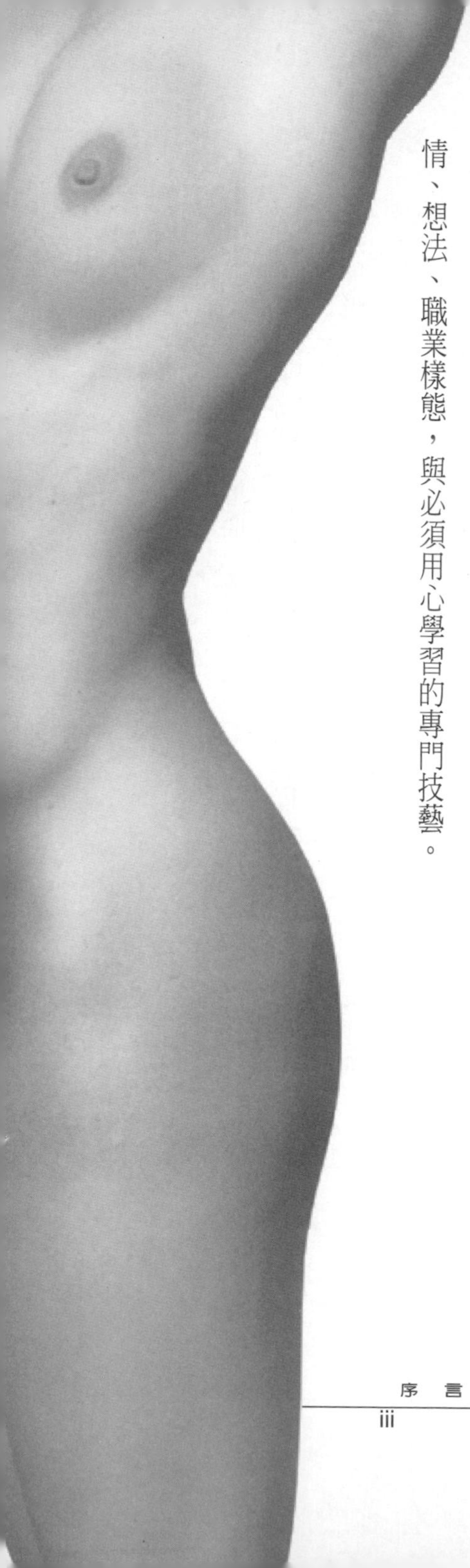

這些跟風景無關的地點，當然不可能錯過更特殊的情色場所。

「比較起來——」我說：「或許它更能夠讓你瞭解某些人、某些事、某些當地的風俗習慣、價值標準呢！」

這本書，描繪的雖然是情色活動現場，但眞正想傳達的，在層次上卻是已經超越現場的另一種意涵。

它可能是回憶過往，讓你知道「過去曾經是這樣」。

可能是在說明「眞的有這種地方」以及「這類事情」。

可能讓你看見某些情色從業人員的工作面、生活面，包括心情、想法、職業樣態，與必須用心學習的專門技藝。

也可能是對台灣情色消費者的讚美或批評。

說不定，你還能從這裡面，看到、想到其它更多的東西。

爲了避免誤導，我很審慎地經營每篇文章的結構，也儘量避開低俗不雅的形容與用字。有心的讀者，閱讀之後或許會對情色活動產生另一種角度的思考，也或許會有一些「不知該怎麼說才對」的感慨。

總之，不會——也不應該是赤裸裸的色情。

書中提到的年代，一律以「西元」爲基準。所提到的外幣，也一律以採訪當時的行情或匯率表示。

至於所提之人，除了具有特定身分、職業者之外，均以「某好友」代稱。打死我，也不可能去觸犯別人隱私，說出他們的名字。

我在書中的情色閱歷，是個人的興趣、好奇，再加上工作需要的雙重累積。其中有些是因緣際會，有些是刻意安排。尤其國外部

分的採訪調查，絕大部分透過適當人物穿針引線，甚至全程陪伴。

畢竟，情色場所有它的複雜性，什麼事都有可能發生。如果沒有熟門熟路的當地朋友引介，我絕對不主張貿然前往。就算是在安全無虞的情況下去了，在現場仍應保持距離，審愼接觸。

不健康的性關係，快感只有幾分鐘，擔心卻是幾個月、數年，甚至讓你的人生提早「買單」，連後悔的機會也沒有。

這種可能因小失大的事，聰明人應該知道怎麼處理！

我相信：正常男人對情色一事，都有某種程度的好奇與想望；但是絕不相信「身不由己」、「在那時候實在沒辦法」……等托詞。不管置身怎樣的場合，面對如何吸引人的佳麗，最後把關者，最後決定「要」或「不要」，能做多少的人，還是你自己。

其實，連我自己都很好奇：這本書會不會被列為「限制級」，只容許十八歲以上閱讀；甚至被「查禁」呢？

這就像「露幾點才叫色情」，是我「無法計算的答案」。只能鄭重聲明：完成一本限制級的書，絕非我寫作這系列文章的本意。否則我也不需要字斟句酌，寫得如此辛苦。

最後，特別感謝某雜誌的某位編輯大人（依循前例，此地仍不具名）。沒有這本情色雜誌的出現，我在國外以及台灣本土各種情色現場的採訪、記錄、回憶……，恐怕找不到適當的發表空間；沒有這位編輯大人賜予機會，包括每個月很認眞地催稿，我也不可能寫完這系列文章。

謝謝他們，也謝謝很認眞讀到這裡的您！

目錄

外國情色現場

本土情色現場

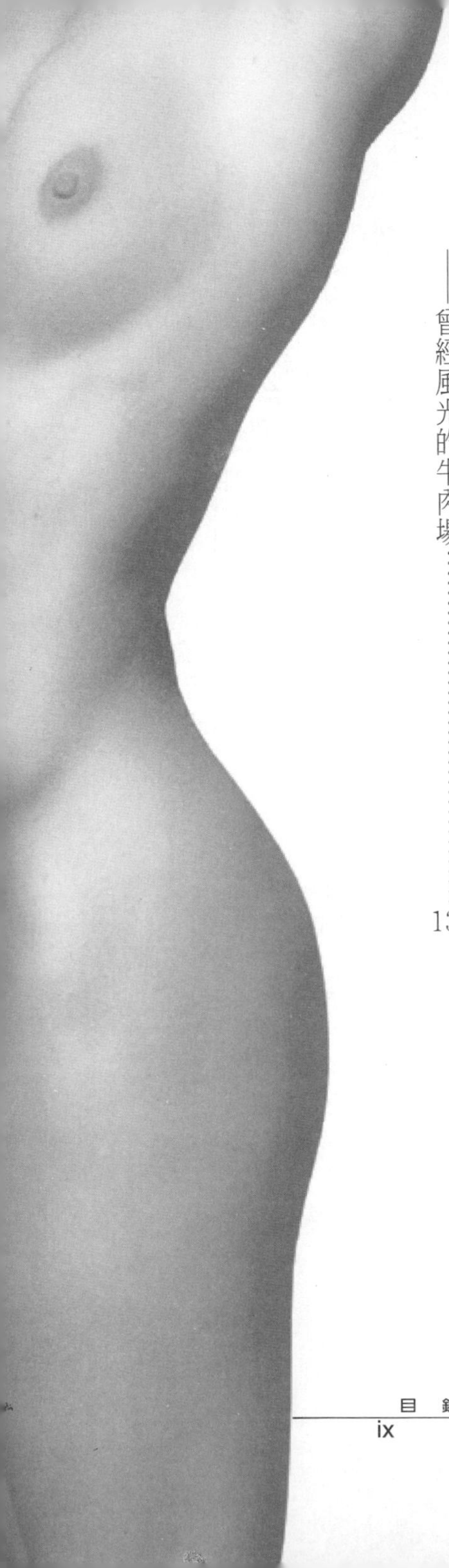

外國情色現場

Part 1

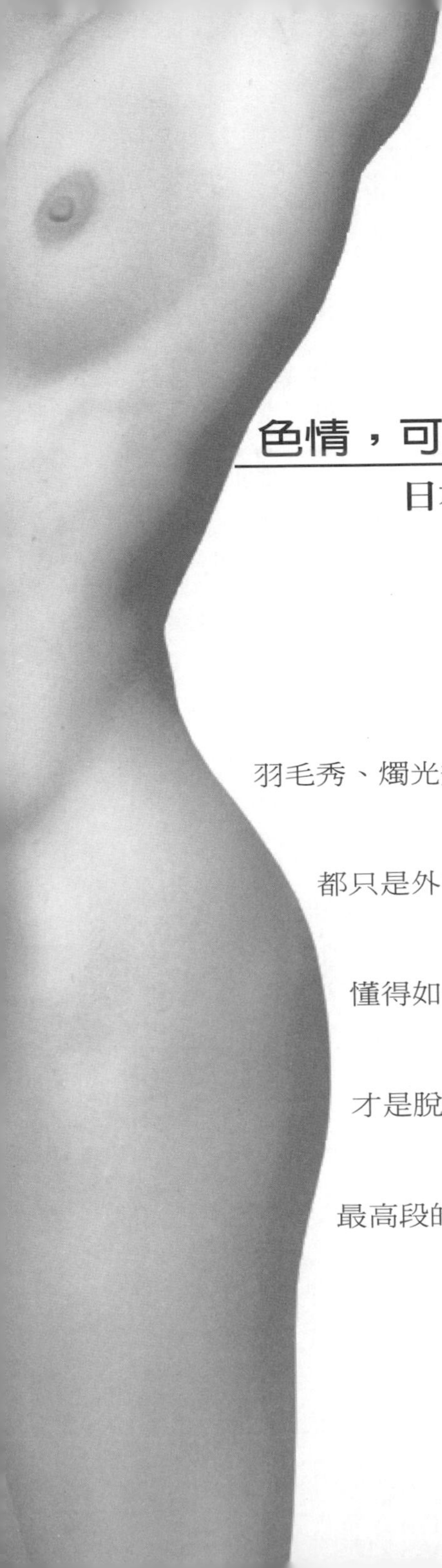

色情，可是有創意

日本脫衣舞孃秘技秀

羽毛秀、燭光秀、食物秀

都只是外在的形式

懂得如何操控觀眾的情緒與性趣

才是脫衣舞孃各項秘技當中

最高段的秘技

當我走進位於「新宿」歌舞妓町這家很是著名的脫衣舞表演場時，裡面一片漆黑，伸手不見五指……。

應該震耳欲聾的伴舞音樂不見了。應該照亮伸展舞台的五彩投射燈光，也了無蹤影。難道是停電？還是我走錯門，進錯地方？

正在納悶時，眼前突然有一道光線亮起。看樣子是從手電筒射出的。我雖還不清楚到底怎麼一回事，但還是因這一絲微弱照明，看見擠在伸展台前的重重頭影，也彷彿在靜默中，聽見沉重、清晰的男人的喘息。

踏步向前，我慢慢擠向光亮的源頭處。儘管已將眼睛睜到最大，但一時之間還是無法辨識：手電筒所照亮的那一小片「面積」，到底是啥玩意？

前面的光線稍稍移動。剎時我看懂了。原來那是女體的某一部分，原來此刻所表演的，是名爲「手電筒秀」的戲碼。

這種秀有何特別呢？它的賣點在於：讓觀眾感受「窺探」女體

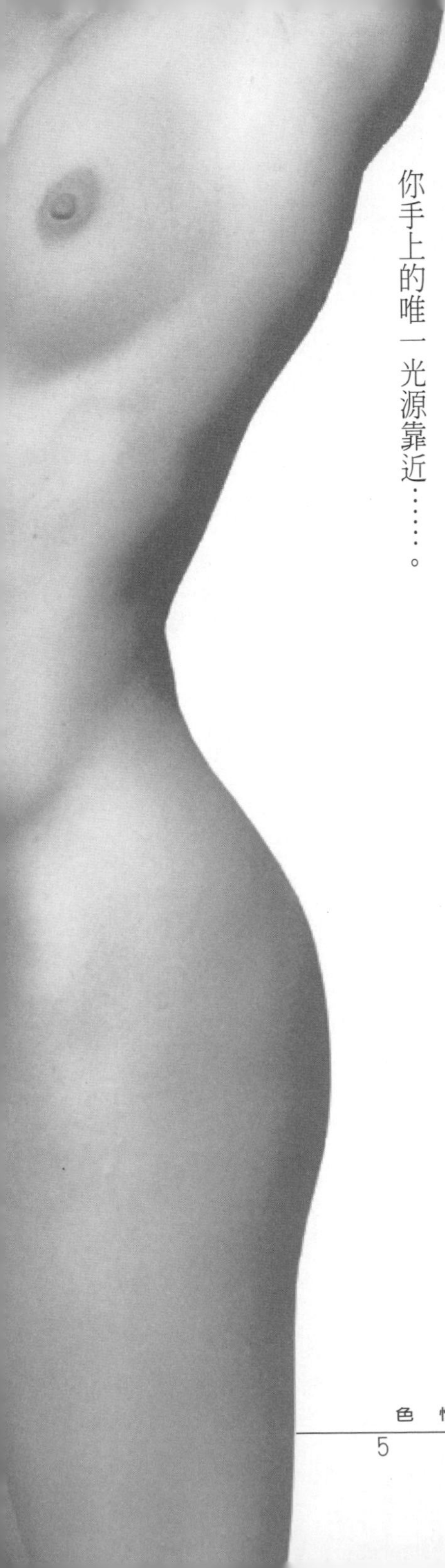

的私秘樂趣。試想，脫衣舞場一片漆黑，唯一照明物體只有一把小手電筒，只有從它射出的一道光芒……。

當它傳到你手時，你會去看些什麼呢？

你當然不可能無聊到用它去照亮坐在隔壁的觀眾。一來，這有什麼好看；二來，也必須預防對方（包括其它等待你光線的觀眾）因此罵你一聲，甚至飛來一拳扁你。

總之，這種事絕不可能發生。會來看脫衣舞的男人，會想用這點光亮去探索、見識的，當然是脫衣舞孃的美好胴體。當手電筒交到你手中時，脫衣舞孃已經像飛蛾撲火般地迎向你，向場內掌握在你手上的唯一光源靠近……。

手電筒秀是舞孃跳完正常脫衣舞碼後，所表演的個人壓軸戲。這種擺在每段表演的最後，並將氣氛帶到最高潮的最後演出，每位舞者各有不同。日本人將其稱爲「秘技」，也就是舞孃所秘練的獨門表演技巧。

其中，跟手電筒秀最類似的是可隱約看見全身，而不是只有局部的「燭光秀」。演出時，也是全場熄燈，只靠幾枝蠟燭的微弱照明，照亮在台上裸體表演的舞者……。它的技術層次高過手電筒秀。因爲表演者不只是很被動地躺、坐在那裡給人家看而已，還得同時舞出動作，做出仿如高潮的聲音與表情。

如果蠟燭不只是用來照明，還包括將熱燙的蠟液滴淋在身上，舞者的表演功力又需再高上一級。因爲連滴在那裡？怎麼滴？傾滴蠟液的動作是否優美，凝結畫出的身體圖案是否撩人，都有名堂可考。

蠟液滴身秀和繩索捆綁秀一樣，都屬「技術」層次較高的表

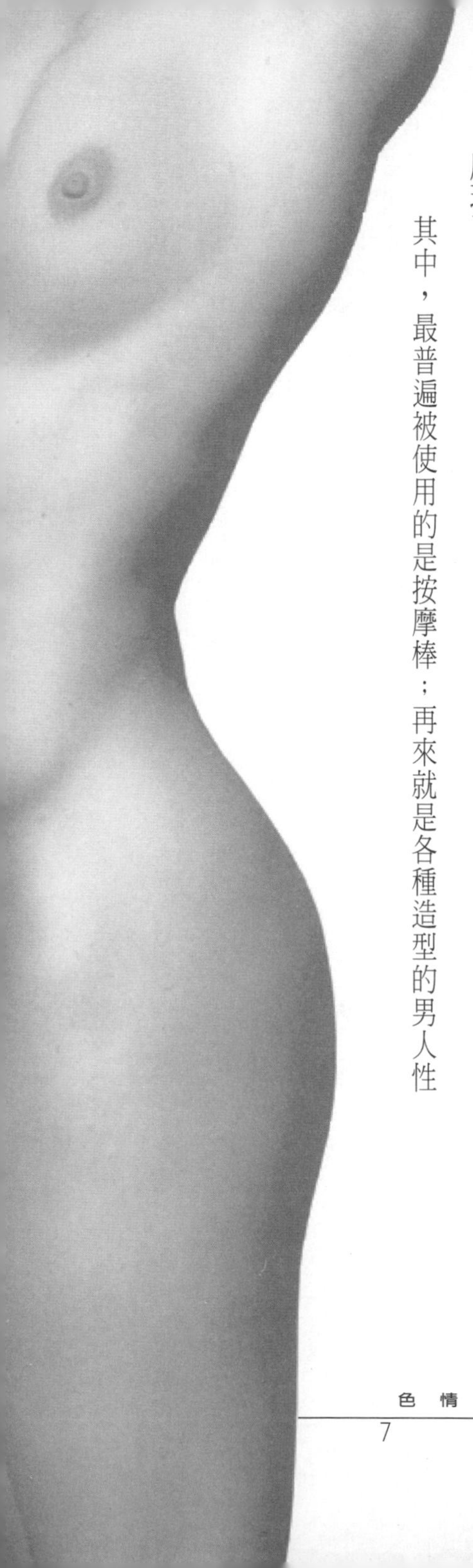

演。但這並不代表每一位上場表演的舞孃，都具備爐火純青的演出功力。初次見識者，可能無法窺出個中奧妙，必須多看幾次，等臨場定力更足，觀察力更細密後，才能感受出好壞差別。

如果有幸見識過功力深厚，敬業度又夠的高手表演，大概就能很快體會出兩者之間有何不同！

手電筒秀與燭光秀，都是藉助「照明」來表演，還有些藉助「器械」演出的秘技，觀眾除了看之外，還能更進一步地參與其中。筆者只要將這些器材列出，各位大概就可自行想像出：現場可能怎麼玩了。

其中，最普遍被使用的是按摩棒；再來就是各種造型的男人性器代用品，包括幾可亂眞的電動陰莖（人造的）。有些舞者會帶放大鏡上場，也有些人慣用羽毛刷、孔雀翎。以上各種物品，都會交到觀眾手中，讓你親自操作，至於用起來「效果」如何，就看躺在你前面的舞孃，如何「表演」了。

還有一種更深奧的秘技，得藉助食物來演出。這種功夫，不一定每個脫衣舞團都有辦法表演；即使有，最多也只是一位，可見要練成恐怕不容易。演出此項秘技時，台上必然擺著一堆食物，內容包括：香蕉、蘋果、啤酒、泥鰍……等等。只有香菸，是由台下觀眾樂捐。

怎麼演出呢？很簡單，就是由舞孃下體性器官「操作」一條堅韌細線，從容不迫，而且唱作俱佳地切割這些食品。斯時，全場的燈光亮度一定調到最高，讓你清楚地看見，舞孃如何撥香蕉、切蘋果、拉開易開罐的啤酒瓶，甚至很不可思議地將整條活泥鰍，完全「吞噬」到她身體最私密的部位。

舞孃每「處理」好一批食物，就會分給台下觀眾「享用」。這樣的食物要怎麼吃呢？別懷疑，當然是從你的嘴巴吃進腹裡。首先，舞孃會徵求自告奮勇者，可是效果通常不彰，最後還是得由舞孃「強行」發下，讓大家共襄盛舉。

通常坐在愈前面，愈靠近舞孃的觀眾，愈有機會中獎。我覺得這很公平，誰叫閣下佔盡「地利」，可以看得如此清楚，現在就讓你也回饋一下，吃些不一樣的食物讓大家同樂吧！

說起來，日本男人（或者該說是——進脫衣舞場的日本男人）也眞不是省油的燈。舞孃選人品嚐時，個個遮頭蓋臉，躲之唯恐不及；可是當自己雀屏中選時，倒是吃得落落大方，一點也不含糊。

還有人吃完一片蘋果，尙覺不足，大聲嚷嚷口還渴著，再來一片吧？舞孃當然是立刻奉上，觀眾也報以掌聲，好像作秀的主角變成他自己，而非舞孃。

其中，最有意思的是喝啤酒。一旦某人被選中，全場音樂立即停止，投射燈光也立即打到那位觀眾身上。然後，他可能坐在原地，也可能站起身來，總之，絕對是仰口向上，一口氣喝下那罐啤酒。

當他大口灌酒的時候，全場也會同時拍手——還是很有默契，很有節奏的拍一下，停一下，同時配合「嘿」「嘿」的喊叫聲，爲他打氣加油。喝完，全場當然又是一陣如雷的掌聲與喝彩。

這些動作，不管是舞孃、喝酒的人、助陣的旁觀者，一個個都配合得天衣無縫。反正場中多數人，應該都是老鳥。就算自個兒並沒喝過，想必也都看過。不必有人發號施令，大家自然知道該怎麼做。

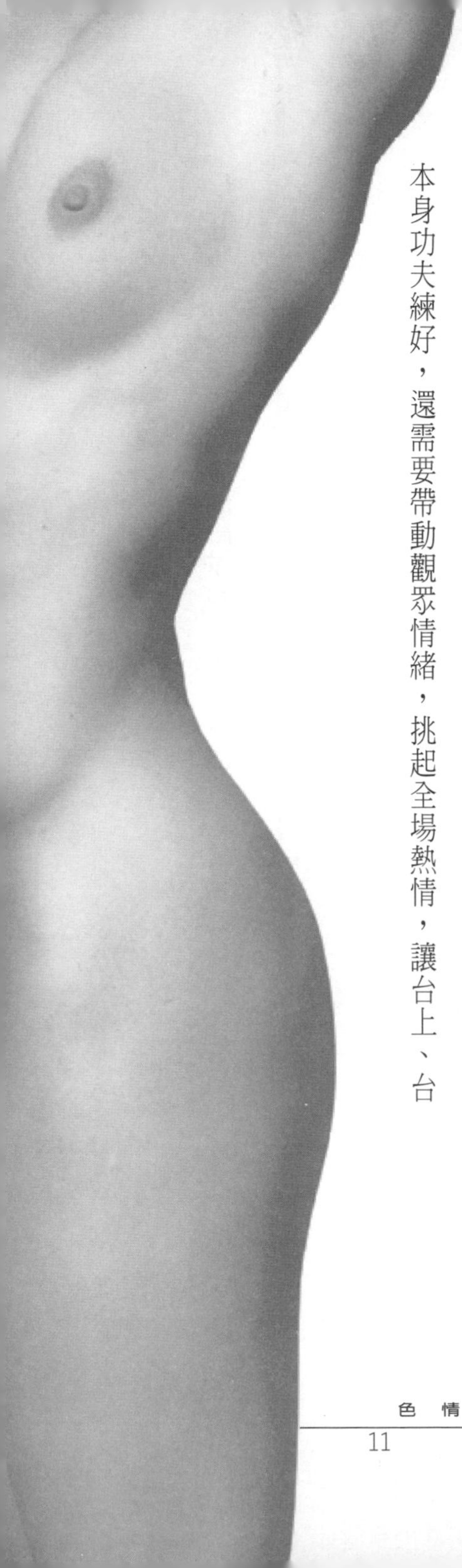

曾有人問我，這樣吃喝衛生嗎？我想應該沒問題。因爲給觀眾吃的表演食物，一定有皮，只要去皮再吃，大概不會出狀況。至於啤酒，更是一擦再擦，很多人平常喝易開罐飲料時，清潔工夫還沒做得如此徹底。除非是舞孃故意開你的玩笑，否則千萬別擔心她會將「吞下」的活泥鰍吐出來，要你當成「生魚片」吃到肚子裡去。

以女性性器官爲主的秘技秀，所發揮的內容不僅只是切剝食物，還包括：操作文房四寶寫字，吹汽球，點香菸，射飛鏢……等等。但這些項目，較偏重於個人的台上秀，不如她「切」你吃，全場同樂的食物秀有意思。精擅此道的脫衣舞孃，本事絕不僅只於將本身功夫練好，還需要帶動觀眾情緒，挑起全場熱情，讓台上、台下打成一片。

其實，懂得如何操控觀眾的情緒與性趣，才是脫衣舞孃各項秘技當中，最最高段的秘技。

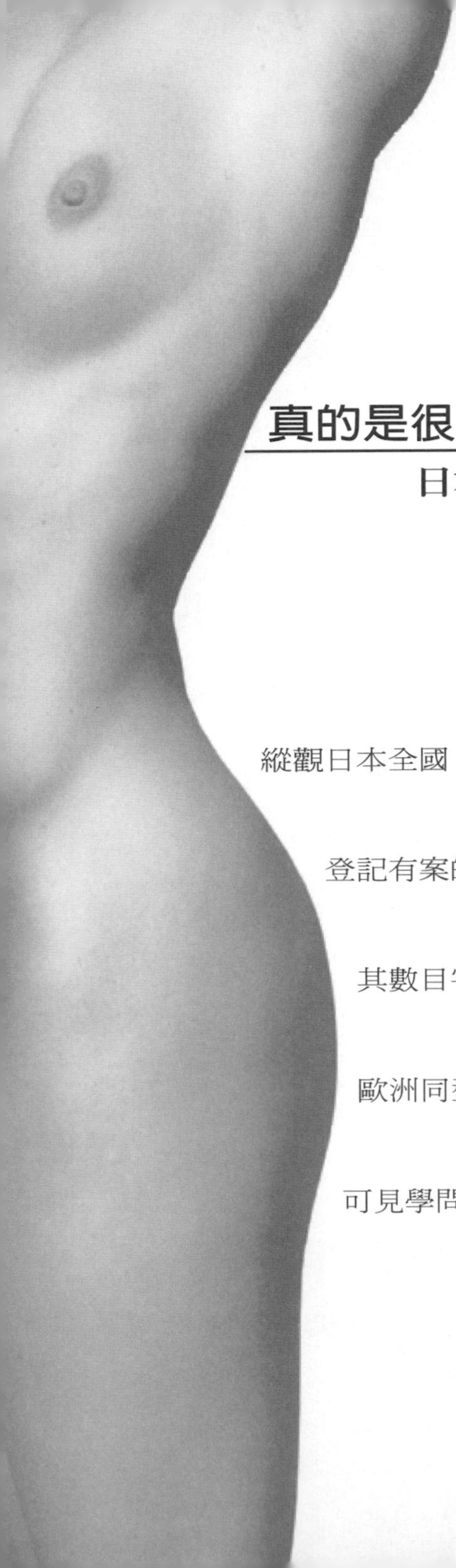

真的是很秘密的寶貝

日本各地「秘寶館」

縱觀日本全國

登記有案的秘寶館有三十餘家

其數目字多於

歐洲同型博物館的總和

可見學問博大精深

歐美許多國家，都可找到所謂「性」的博物館，裡面所陳列物事，無一不與這項「人之大慾」有關。

咱們的先進鄰國日本，當然也有此類展覽場所，只是，創造「博物館」這一漢字名詞的日本人，雖然在許多知識性、學術性的相關展示空間裡使用到這三個字，卻無法將它概括到「性」的範疇。

對於比較另類，也比較私密的「性」博物館，日本人更有一專屬名詞，那就是所謂的「秘寶館」。縱觀日本全國，登記有案的秘寶館共有三十餘家。其數目，據說多於歐洲類似博物館的總和。由此亦可看出：日本人在這方面學問的博大精深。

性之範圍何其廣泛，任何一家秘寶館想要吸納人氣，打響知名度，當然得有「自成一格」的特殊色彩。

日本雖有三十餘家秘寶館，可是筆者多年採訪，認爲其中値得一提的尚不足十家；而這十家當中，也摻雜濫竽充數的展覽品。爲了不浪費各位閱讀的力氣，筆者僅挑選日本各地最精彩的秘寶館，以及其中最具特色的展覽品介紹之。現在就從最北端的北海道參觀起。

即使是日本人，也認爲在人口稀少，民風比較純樸的北海道，似乎不會有秘寶館存在。可是北海道不但有，而且還有好幾家。其中，規模與特色均屬第一的是：位於札幌市南郊，定山溪溫泉的「北海道秘寶館」。

該館所自豪的展示內容，全部圍繞「交歡」主題。如果你因此以爲：可以一覽無遺看見男人與女人各種作愛場面，那進入館內的情緒反應，可能馬上大失所望，接著卻又令你睜大眼睛，遠比看見男女眞槍實彈交歡，更加興味盎然地仔細瀏覽。

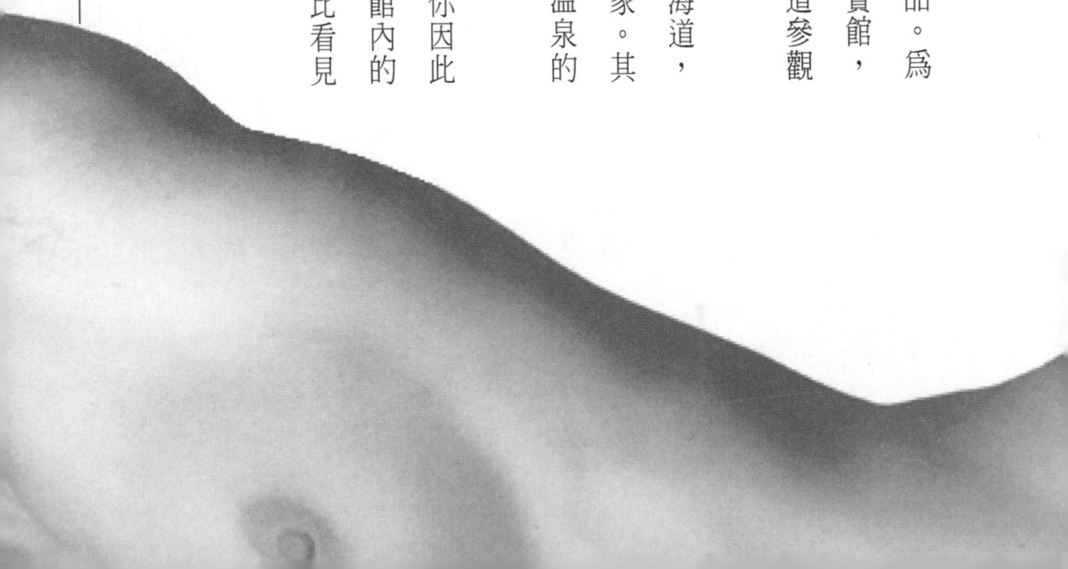

眼前所見，的確是在「交歡」；只不過主角由人變成動物。那是由九十六頭剝皮填製，看起來栩栩如生的獅子、老虎、大熊……標本，配對演出的四十八組作愛場面。這樣壯盛、充滿魄力的動物本能表現，的確適合擺在北海道這片原始、粗獷的遼闊大地。如果搬到京都、東京……等人煙稠密的都會，味道總是有那麼一點不對勁。

北海道秘寶館的用心之處，還不僅止於慧眼獨具地選擇「動物」爲主角，還包括一流的動物標本製作技術，以及擺設交歡情境時，巧妙加入的幽默感。

例如：獸慾大發的雄獅，緊緊抱夾在母獅身上，將下半身的重要「道具」，拼命往母獅身體裡面擠，可是母獅卻只是懶洋洋地趴著，一副在睡夢中被人打擾，好生無奈的表情。

此外，館方也將人類美女，安排進以動物爲主角的戲碼中。只不過，你所見到的不是「獸交」這種直接的，不堪入目的場面，而是另一種叫人想入非非，甚至引發會心一笑的意淫。

那是兩隻狀甚「猴急」的公猴，一隻貪婪地趴在全裸西洋美女的兩腿間，另一隻則靠在她肥碩的胸脯上，忙得不亦樂乎。美女半躺半坐，姿態慵懶，表情甚是陶醉。如此景象，也感染了在場的公鹿，牠的下體已經勃起，拼命擠上前來，也想在美女身上討點便宜。

結果，猴子在「百忙」中，還不得不勉強騰出一隻手推開可能壞事的公鹿，保護自己的既得利益。這種情境安排，似乎也是人類情慾世界裡的某種顯影。

從原始、自然的北海道，轉換到充滿歷史感的「本州」，秘寶館

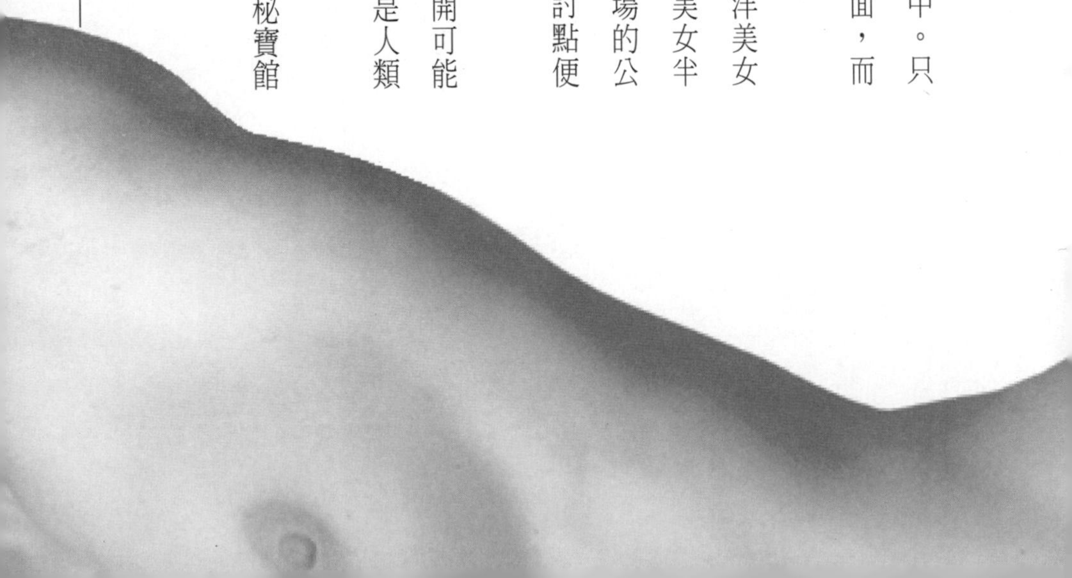

的展覽也換了戲碼。位於鬼怒川溫泉區的「鬼怒川秘寶殿」，主要展覽內容爲：三百年前德川江戶時代的日本性風俗史；位於熱海溫泉區的「熱海秘寶館」，則陳列古今中外、東西兼具的蠟像性愛場面。

鬼怒川秘寶殿的最大特色，是收藏了許多江戶時代，日本「浮世繪」畫家所繪製的性風俗秘畫，內容雖爲男女交歡，但可看見的絕對不是只有「性」而已。有心的觀眾，還可以從畫面裡的房間格局、物件擺設、男女姿態與歡愛時的互動關係，甚至脫在地上的服飾當中，見到與今日大相逕庭的往日風俗習氣。

至於熱海秘寶館，標榜的是「可動機械人形」的製作技巧。其中，最具代表性的大場面——洞窟的狂宴，生動而自然地呈現出超過十位以上的男男女女，集體淫亂的動態感。

至於單一人形，製作最逼眞，也最具挑逗效果的是「社長與秘書」場景中的那位裸體女秘書。許多男性看到她那仰頭挺胸，完全陶醉其中的自慰模樣，所想的可能都是：能不能再靠近一點欣賞，要是近到可以觸摸一把，感覺一定更棒！

京都、東京……等著名城市所在地的本州，也是秘寶館設立最多的地方。其中亦包括：全日本歷史最悠久，展覽空間最大，陳列物品最多的「元祖國際秘寶館」，它位於本州三重縣，因「伊勢神宮」而享有盛名的伊勢市。

元祖國際秘寶館的內容堪稱多而充實，部分物事甚至超越正常想像之外。例如：你得通過一座高大的，模樣像極了女性陰部的大門，才可能走進館裡。門的正前方，則對準著一隻橫放地上的巨大陽具。這等於開宗明義地將全館性質一語道破。

在該館高達兩萬件的展覽物品中，最叫人怵目驚心的就是這些

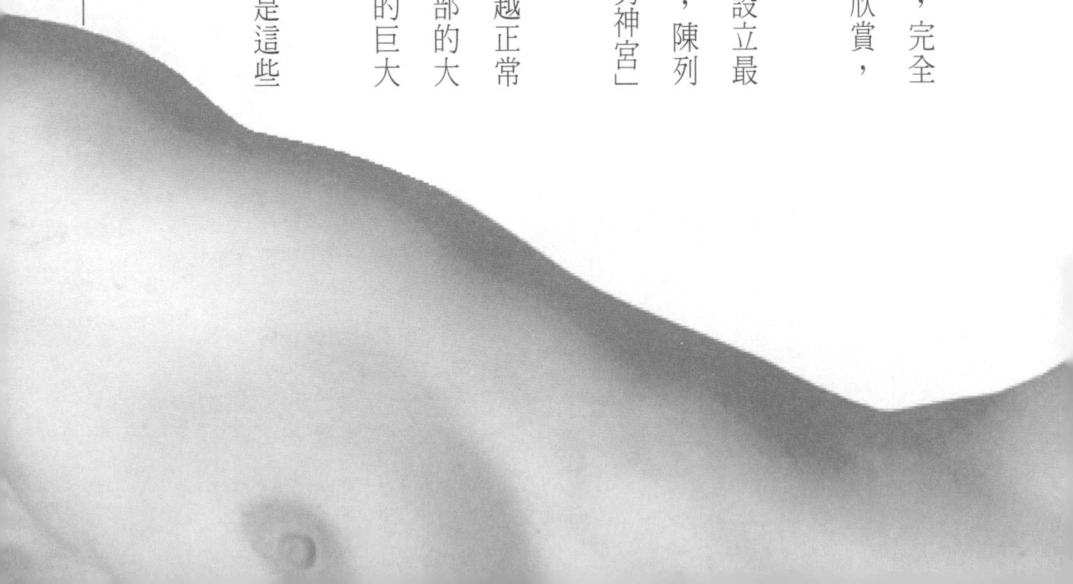

依比例放大，大到口徑比人的腰身還粗的超大陽具。其中一支，還很戲劇化地「長」在烏龜頭上，並且昂然地向上挺起。

現場，很多人爭騎這隻看起來更像馬的大烏龜，好笑的是，不管坐上去的人，或者試著去抱它的人，一律爲女性，就沒有男人膽敢上前。或許，這隻高大、挺直的「烏龜」頭型，的確具有叫男士汗顏的功力吧。

從土地廣大的本州，來到全日本面積最小的地域「四國」，祕寶館的展覽主題又有了些許改變。其中，藝術性最高的是位於德島阿波縣的「男女神社秘寶館」。這奇怪名字的由來，恐怕與館方將男女雙方的性器官，當成「神祇」看待，並爲它建造神社，正經八百供奉起來有點關係。

男女神社秘寶館內最重要的收藏品，仍舊是與性有關的日本浮世繪，但這裡所收藏的多爲喜多川歌磨、葛飾北齋……等大師級作品，藝術價值遠非前面所提到的「鬼怒川秘寶殿」可比。不過，恐怕會有許多男人覺得它刺激度不夠，味道不足。比起赤裸裸的性風俗祕畫，大師的表現手法畢竟含蓄多了。

本文的最後，要介紹位於九州嬉野溫泉的「觀光秘寶館」，它是九州最大的「性」相關物品展覽場地，也是全日本最現代化的性博物館。館內各項展覽物中，最叫人讚賞的是囊括東、西方佳麗的電動美女群，當她們擺出各種挑逗姿態，一絲不掛展現眼前時，確實有可能讓男人看到流鼻血，就算這些美女都已將最重要的部位巧妙遮住，亦不減損這份功力。

其實，與她們配合的電動男人也做得不差，只是很少人（尤其是男士）會將目光焦點集中到他們身上而已。

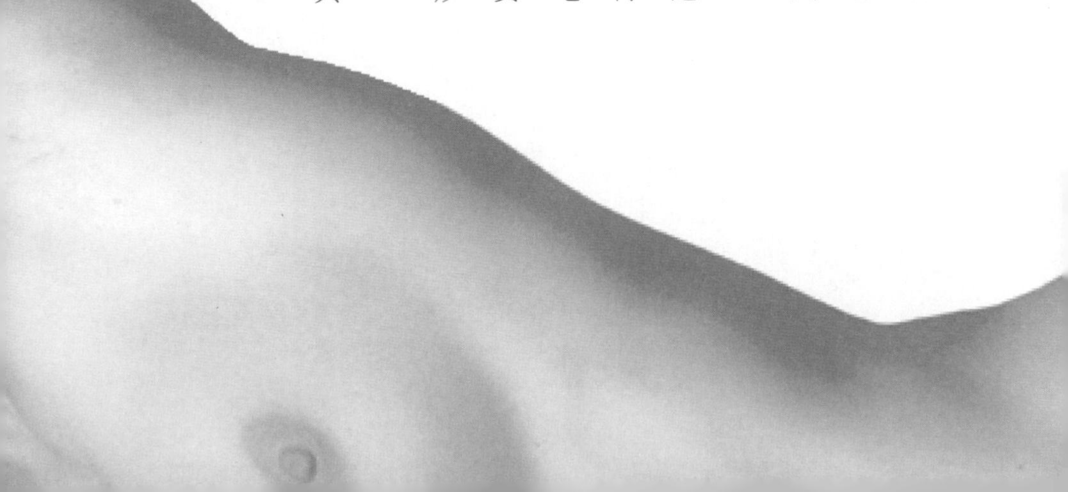

日本秘寶館的全盛時期，約莫在七〇年代。到了一九八〇年後，已經甚少再有新館開張，而且各家秘寶館的參觀群眾也嚴重流失。

這現象，也反應出現代人們對性的態度，已不再像以往那樣感到新鮮、好奇。現代人想接受相關刺激，可以很容易地在性商店、有線頻道、影音碟片、電腦網站……裡找尋，不一定要再去秘寶館了。

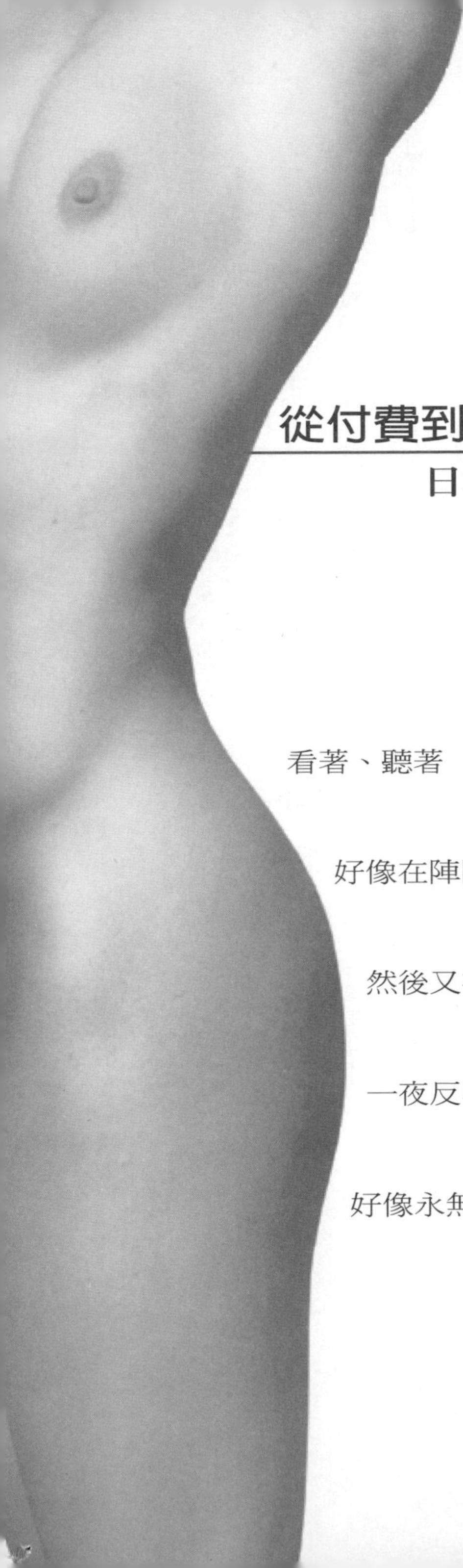

從付費到免費

日本旅館的「有料」影片

看著、聽著

好像在陣陣淫聲浪語中入睡

然後又被這聲音吵醒

一夜反覆下來

好像永無止息的春夢

跟隨一支電視工作團到日本採訪。最後一天離開旅館結帳時，接待單位負責翻譯的先生，拿著帳單走過來笑著說：「請問這房間是那一位先生住的，太神勇了，一定得好好認識一下！」

接過帳單一瞧，我也覺得好笑。因爲，費用欄內多列了一項收看有料（付費）電視的支出。我們一共住七夜，那帳單也剛好有七筆，這豈不是每天都看，夜夜大作銀幕「春宵」嗎？

帳單還沒傳閱完畢，已經有人自首。他是本團的攝影助理，三個月前才退伍，正值年輕力壯，血氣方剛。這種事發生在他身上，倒也合情入理。

「在日本看這個也要錢啊，早知道我就不看了。」他那稚氣的臉上，雖然呈現隱私被識破的靦腆神情，但也有著怎麼會收錢的疑惑與不解。

有人笑著抱怨：「怎麼每天看都不吭氣呢？既然開機，就應該招呼大夥兒一起到你房間欣賞啊！」

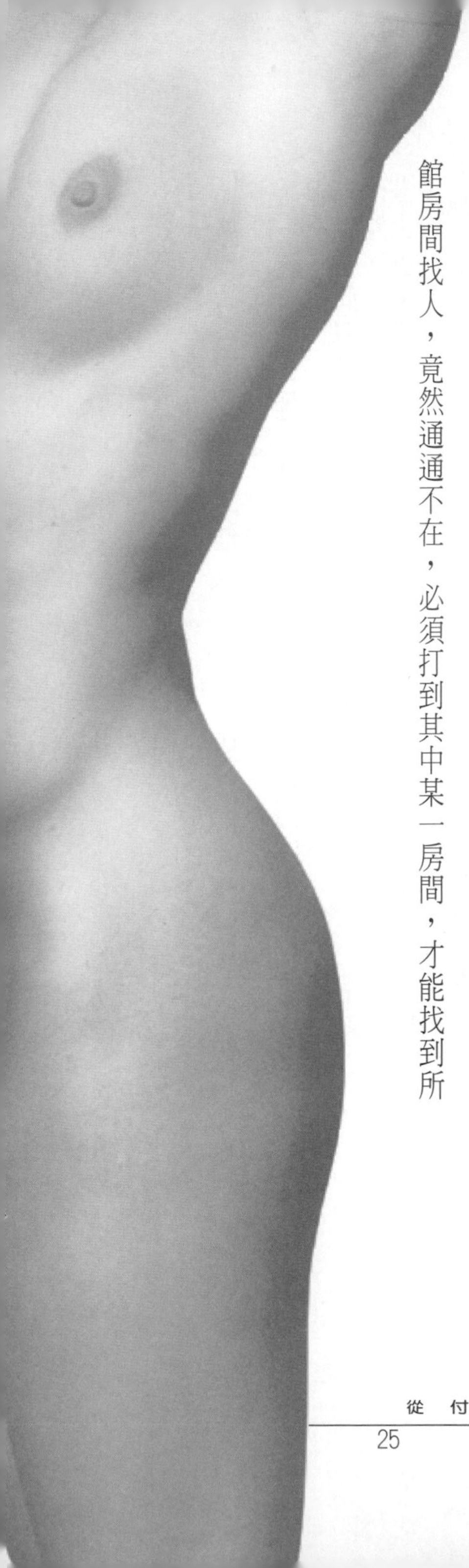

也有人糗他：「年輕人果眞不一樣，晚上天天操，白天工作起來還這麼有幹勁……。」

這件事，就在大夥的笑聲當中，以及接待單位很爽快全額付費下，皆大歡喜收場。但它也讓我憶起：早年在日本旅館裡欣賞有料影片的種種趣事。以目前台灣鎖碼頻道的氾濫程度，這種事大概不可能發生，但以前不這樣，才眞是奇怪呢！

聽說，某公家單位男性員工組團赴日時，曾有這樣的怪事。現象之一，是團員白天考察東京市政建設時，個個精神萎靡不振，呵欠連連，而且持續好多天。現象之二，是晚上打電話到各團員的旅館房間找人，竟然通通不在，必須打到其中某一房間，才能找到所有的人。

他們的單位主管（聽說也是男人），在回台後的檢討會上，追問東京之行到底發生了什麼事？爲何白天這般疲累，而晚上大夥兒的感情又如此融洽，要擠在同一房間呢？

那還用問，不就是大夥兒同樂，共賞有料影片嘛。連當時尚未去過日本的我，都猜得出是怎麼回事，難道見多識廣的主管會不知情嗎？想必是故意裝傻吧！

當年流傳於辦公室內的笑話，就是分派到日本洽公的同事，男人我們會叫他節制一點，女人則會請她小心一點。前者，是怕他晚上「有料」地過度勞累；後者則是怕她不小心轉到「過激」的有料節目，小則破財，大則嚇得花容失色，甚至動氣怒罵日本人眞是「變態」。

至於男女一起赴日出差時，不去男同事的房間串門子、談事情，也是大家心知肚明的遊戲規則。萬一眞有這般不識趣的女生敲

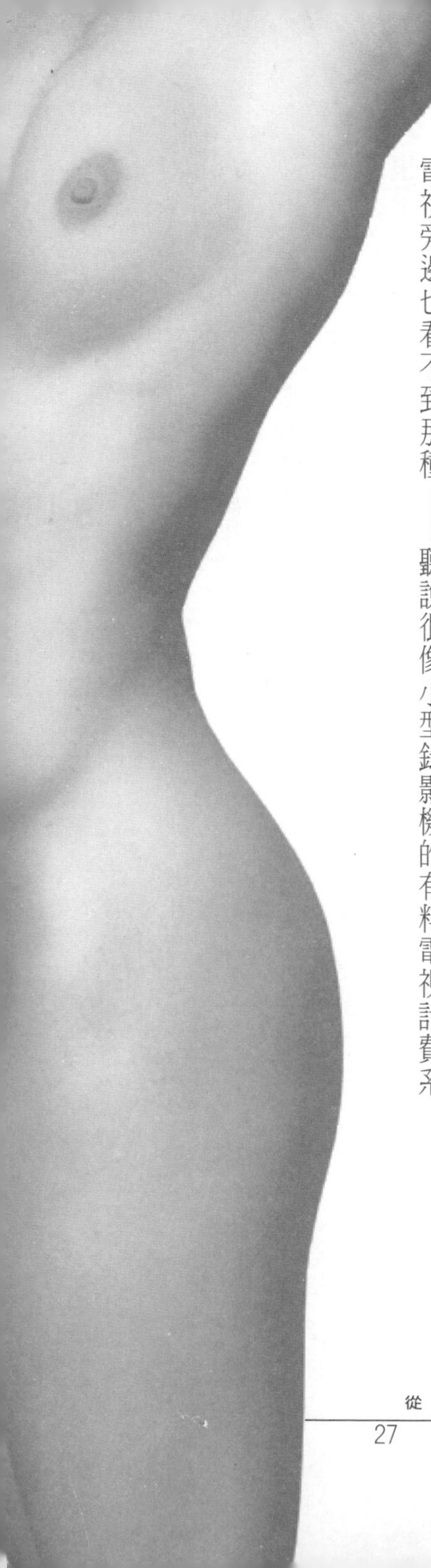

門，一干男眾會立即轉台，而房間內的氣氛也變得很是奇怪。

這時，女生如果再以一副好無辜，好像什麼也不知道的表情問道：「怎麼了，你們到底在幹什麼啊？」只會讓自己在男同事心目中的人氣更加低落而已。

當我也有機會造訪日本時，已是一九八八年的事。我遵循前輩教誨，一進旅館房內就尋找節目表，檢查電視畫質、音效是否良好。那位指導我的前輩名言是：「水籠頭壞了尚可不換房間，但電視不好可沒得商量。」這話我謹記。

由於是自助旅遊，所住旅館等級不高，因此房內既無節目表，電視旁邊也看不到那種——聽說很像小型錄影機的有料電視計費系統。正悵然不已，就柳暗花明地見到電視機右側，還裝著一具小方盒子，盒上有個小小的投幣孔，上面註明「有料」二字。

我雖不是怎麼確定，卻直覺認定應該就是這玩意兒，便立即掏出日本的百元硬幣，猴急地投入其中。錢掉進去的那一剎那，電視銀幕馬上切換，變得有聲有色起來，可惜只持續三分鐘，就轉換回原先的正常節目。

投幣才能收看，是我始料未及的新狀況。但我覺得這樣倒好，因爲，不是每一部有料影片都好看；就算是好看的片子，也不是每一段都精彩，投幣選擇，至少不必整片（或整夜）付費。

可是一夜住下來，我又發現這樣更傷。原因之一，是當年在台灣尚未普及的A片誘惑力太大；之二是年輕的我賭性堅強，反正也不過二十元新台幣嘛（以當年匯差計算），試試手氣，小搏一番，或許就能撞上最精彩的那段。

若是賭對了，矇上了，內容精采地叫我欲罷不能，當然是義無

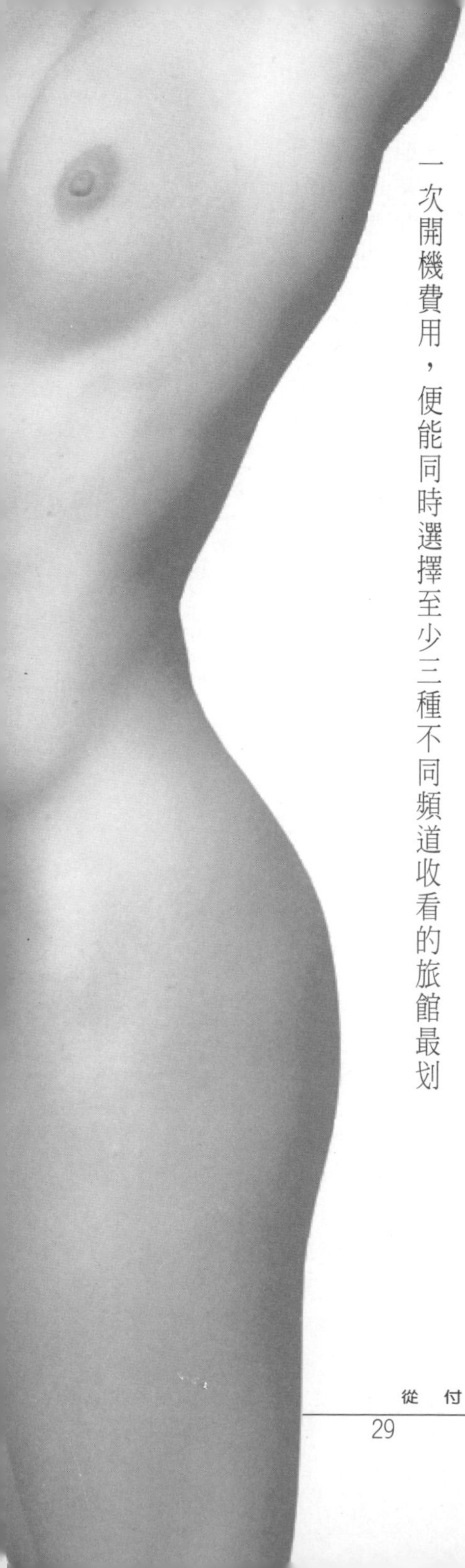

反顧連續投幣，直到告一段落爲止。

我還記得：住進不到三小時，荷包裡的十餘枚百元硬幣便已用盡，若想再賭再看，只有到樓下櫃台換錢一途了。走出房門，才發現電梯旁邊竟擺著一台兌幣機，可將日幣的千元紙鈔換成百元鎳幣。原來安裝有料系統的旅館老闆，早將一切可能情況設想地十分週到，就等君入甕而已。

那以後，我常有機會到日本採訪，住遍各式各樣的旅館，因此欣賞日本旅館有料節目的經驗也累積地十分豐富。綜合各項大小戰果，我認爲在「膠囊」旅館裡看有料節目最刺激，還有，只要付出一次開機費用，便能同時選擇至少三種不同頻道收看的旅館最划算。

在這裡，我最好解釋一下何謂膠囊旅館，它是那種「寢室」小到只比棺材稍大一點的日本特有旅館，內部空間僅容翻身，連坐直都嫌吃力。躺在裡面，做什麼都不方便，唯一娛樂，就是欣賞鑲在天花板上，剛好位於眼睛正前方的有料電視了。

看著、看著，只感覺自己是在陣陣淫聲浪語中入睡，然後又被這樣的聲音給吵醒。一夜反覆下來，好像一場永無止息的春夢似的；連起床走出旅館，所見的光景、聲息也變得活色生香起來。

現今，日本旅館的有料節目收費系統，大多可預看三十秒到一分鐘，只要未按「確認鍵」，便無須付費。假設一共有三個頻道，便可免費觀賞兩到三分鐘，對我這種已屆中年的男人來說，這樣的「免費」時間已經足夠了。

當然，我會將它分成數十次的三、五秒鐘來看。台語叫做「瞄一下」。精彩的再多看兩、三秒，不好看立即轉台或轉回正常節目。

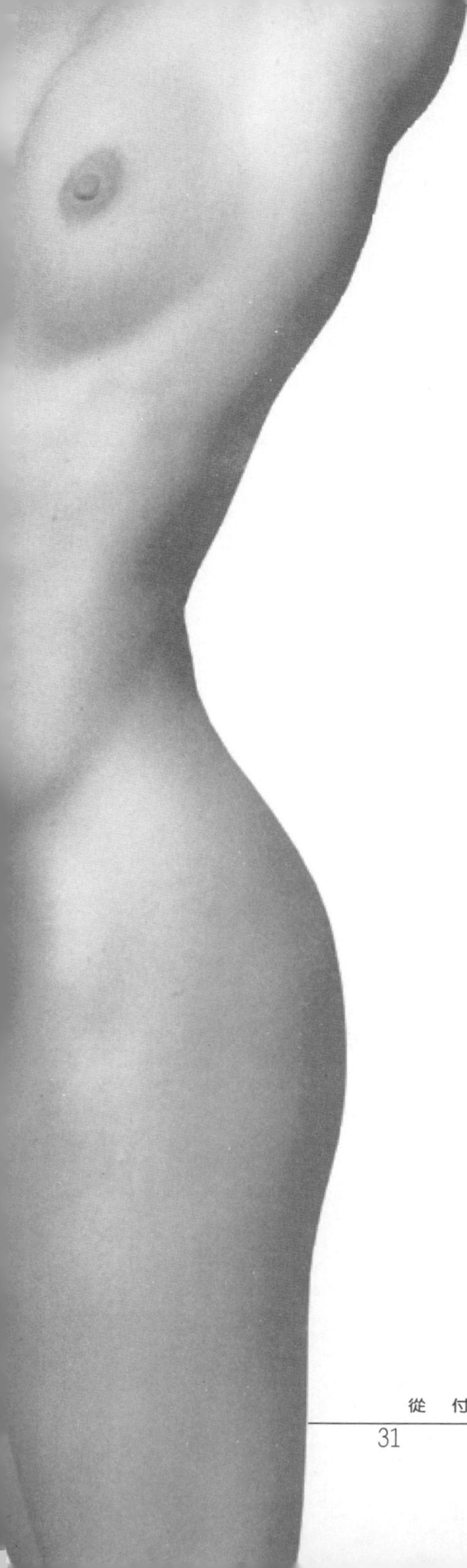

我知道，本團裡的老男人、老鳥們都用這種「瞄一下」分節收視法。我們還是每夜都看，絕不浪費每一天的有料節目免費時段。這樣做，一來保有往日投幣賭博的樂趣，二來不會在帳單留下成績，而且驚鴻一瞥瀏覽一小節畫面，就好像偷窺一般，也要比看上一整段，來得刺激有趣。

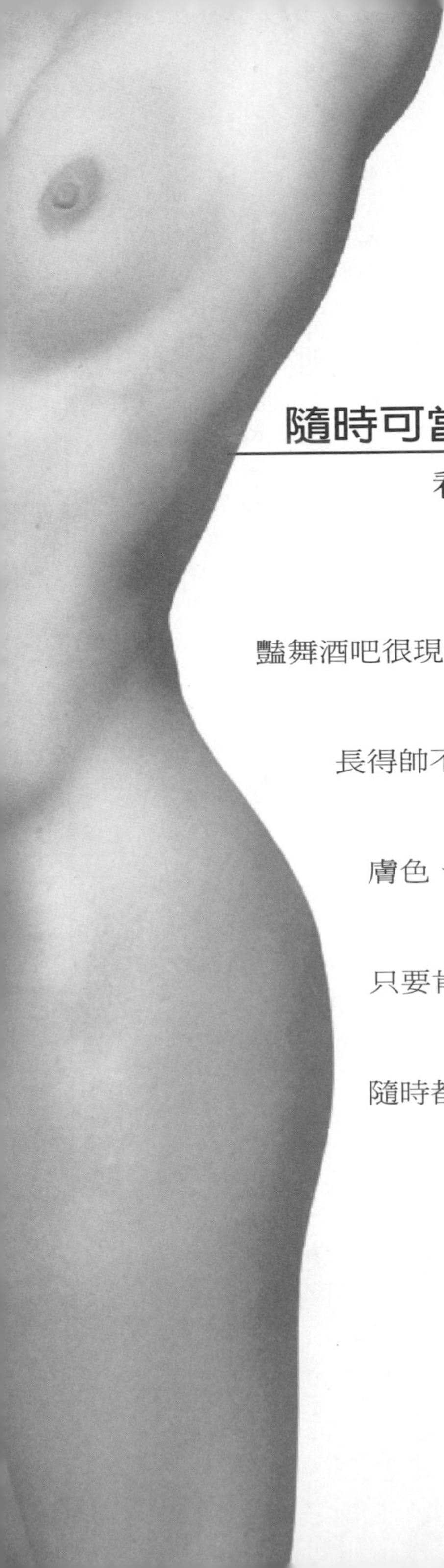

隨時可當ＶＩＰ

看看美國豔舞酒吧

豔舞酒吧很現實

長得帥不帥沒多大關係

膚色、年紀、學歷也不是很要緊

只要肯多付小費

隨時都能當上ＶＩＰ

不要將美國豔舞酒吧的表演內容，想成勵志電影「閃舞」裡，那位美麗、年輕女孩所跳的熱舞。

那只是「普級」而已。

它比較像近年轟動全美的賣座電影——黛咪摩兒所主演的「脫衣舞孃」。內容絕對限制級！

不過，若只將酒吧豔舞，類比於黛咪電影的演出，也未免太小看它。畢竟，咱們的電剪尺度，只容許露出兩點，而舞孃上台演出時，非但三點全露，還有更爲火辣、撩人的舞蹈配合。如果將實況拍出，來台灣上映，絕對被剪得體無完膚（恐怕根本禁演）。

筆者保守估計：拍出一小時，如果還能留下個十分鐘，就算「剪」下留情，謝天謝地。

在台灣，向來沒有法令核准開設這樣的酒吧。可是先進的美國，舞孃在酒吧大跳豔舞的歷史由來已久，其間，雖曾因爲其它色情花樣打擊而起起落落，但從未銷聲匿跡。

到了九〇年代——也就是愛滋病橫行，讓許多人陷入恐慌的現今，這種著重視覺刺激，不做進一步性接觸的酒吧豔舞，由於安全性高，而廣受男士歡迎。

當前美國最流行、最大眾化、最能撩人遐想，同時也是在最「安全」範圍內最刺激的情色活動，就是到酒吧去欣賞豔舞。從東岸的紐約，西岸的洛杉磯，一直到南疆的達拉斯，北界的五大湖區，都可找到如雨後春筍暴增的豔舞酒吧，來消磨夜晚春光。

豔舞酒吧跟一般酒吧的最大區別，就是場中最醒目的位置，裝設著和桌子等高的長型伸展台，這也是舞孃的表演台。台上除了燈光照明之外，通常也會矗立著幾根從舞台延伸到天花板的不銹鋼

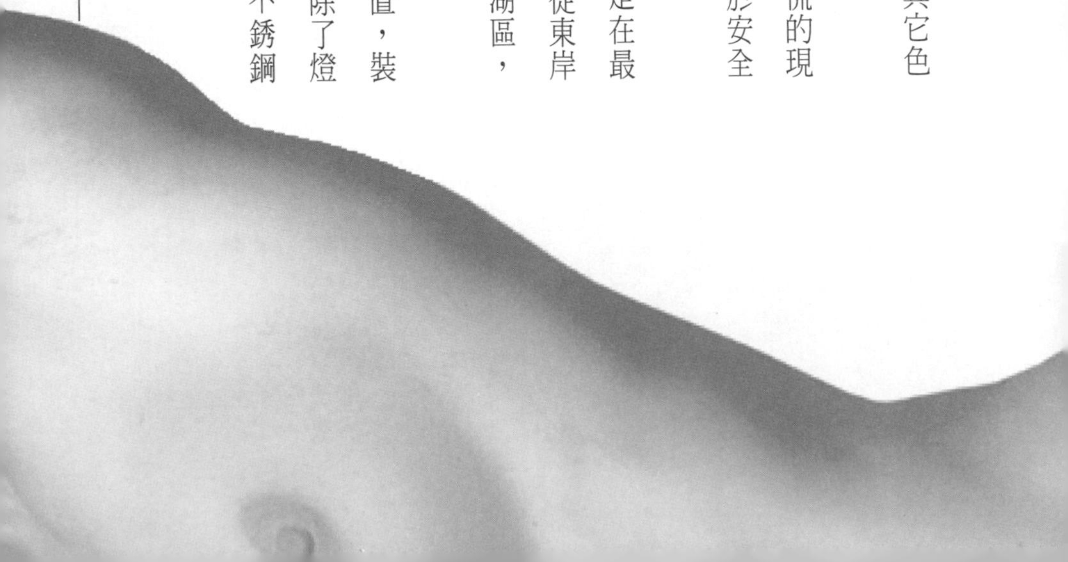

管，讓舞孃拉著、抱著，做一些更刺激的表演動作。

舞台旁邊，必定圍繞著整圈的單人座椅，以便來客就近欣賞。如果怕距離太近，恐怕按納不住，也可坐到外圍。請記住：坐得愈近，付費通常愈多。當舞孃在你面前，賣力爲你扭動時，給小費是種「禮貌」。小費基本行情，爲一塊錢美金。

美國的豔舞酒吧有兩種，一種像夜總會，進門要付入場費。另一種，則可免費進出。不管門口是否需要付錢，只要進到裡面，都得點叫另外付費的飲料。多數人所點叫的都是啤酒。

收費酒吧的入場門票，大約在十塊到二十塊美金之間。城市愈大，門票自然愈貴，例如紐約的豔舞酒吧，恐怕就需要二十塊美金才進得了門。

以台灣風月場合的消費水平看來，豔舞酒吧的總消費似乎不高。其實也未必。因爲你可能會付出許多小費，而且是情不自禁，心甘情願地一再付出。就算一次只付一元美金，加起來也是相當可觀。

據筆者探詢，不少初探此地的台灣酒國豪客，都是在一小時內花掉一百多塊美金。如此花錢的效應就是：會有一群舞孃圍繞在你旁邊猛跳，而且是使出渾身解數的跳，讓你過足了當ＶＩＰ的癮。

小費是怎麼給的呢？很簡單，只要你拿張一塊美金的紙鈔，在手上搖搖秀秀，自然會有舞孃靠過來，讓你塞進她的貼身衣物或任何綁在她身上的小東西裡。

不想給小費，這當然也可以。雖然絕對不會有人轟你走，但卻可能遭受舞孃「冷落」——例如：盡是在別人眼前跳，就是不靠近你。

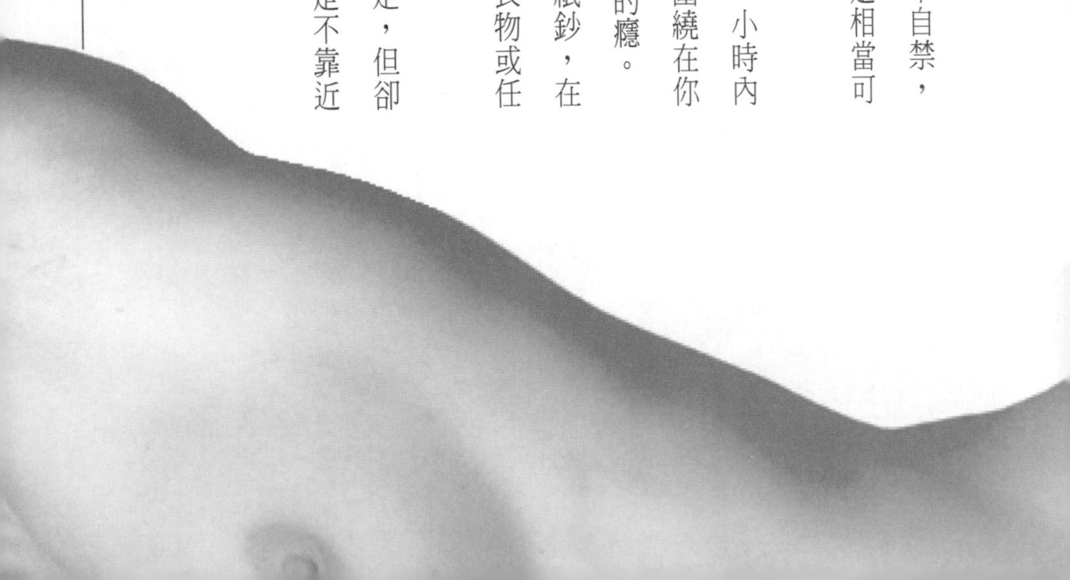

俗話說，輸人不輸陣，再加上只要這麼一點錢就可獲得一位幾近赤裸（或者已經完全赤裸）美嬌娘的火熱回應，以國人平日作風，會省下這一塊美金的男人想必不多！

除非是給小費，或經過對方允許，原則上你絕不可以伸手碰觸舞孃。如果，舞孃願意爲你開禁，做一些個別、短暫的「破例」服務，當然是因爲你給足小費的關係。

在現場，脫衣舞孃所奉送的特殊「招待」，包括以下數種：第一，特別靠近你，超近距離、又很誇張、挑逗地熱舞一番。第二，蹲坐下來，雙腳打開，從別人不易看清楚，而你卻首當其衝的角度，展現身上最私密的地方供你欣賞。第三，應允你伸手觸摸。但以撫摸乳房居多，不過時間極爲有限。第四，以碩大雙乳夾住閣下的頭，然後迅速、賣力地擺動上身，作乳房對臉的「馬殺雞」按摩。以上這些名堂，又以最後一項最具「震撼」效果。

這種以雙乳密集擠壓、高速震動、左搓右揉的感覺如何？

有人說：「會暈」；有人講：「眞爽」；有人認爲：「當時無法呼吸」；也有人笑著說：「實在受不了」。在舊金山，與筆者同遊豔舞酒吧的好友，因出手大方，很快就享受到雙峰非常雄偉的「波動功」豔福，我急忙問他感覺，但他的反應竟是：「好痛」！

「實在太硬了，」他說：「那對乳房到底是眞的，還是打針、開刀、墊東西做出的啊！」

此話一出，在座眾人均不敢再接受這位舞孃的美意。反正只要耗在酒吧裡，勤給小費，機會多的是。要體驗，就來眞的，何必找對冒牌貨、塡充品……。

中國男人在豔舞酒吧的表現，有兩種極端。一種是摳的一毛不

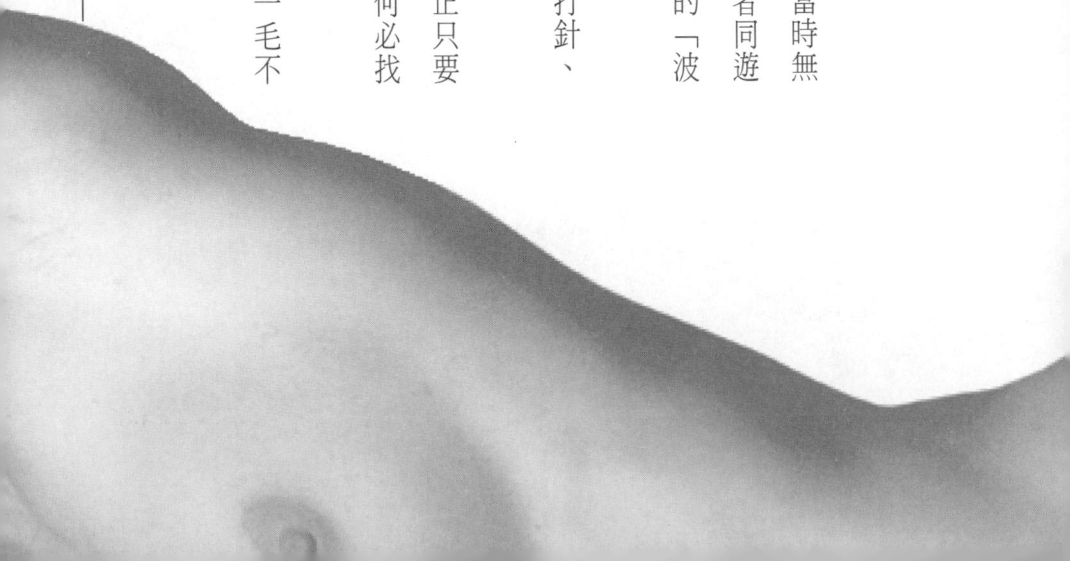

拔，除了點酒之外，絕不輕易付出任何小費；另一種，則是財大氣粗，可以用錢壓死人。他們給小費，一次就是十塊錢美金。舞孃樂的全部聚集此處，酒吧彷如變成私人秀場。對在地的老美來說，這種破壞行情的豪客，最令他們痛惡！

數次，筆者看見老美因此憤而起身離席。反正比錢，也實在凱不過咱們，這樣待下去非但一點意思也沒有，同時也傷民族自尊心，不如早早歸去。

說起來，豔舞酒吧還眞是很現實的地方，你長得帥不帥沒關係，膚色、年齡更不打緊，只要肯付小費，隨時都可以當上ＶＩＰ。雖然那只是小錢，怎麼花隨你高興，但是付小費時，請切記付之有道，至少不該天女散花，打擊行情。

在台灣諸多聲色場合裡，千元台幣只是小鈔一張，很多豪客都拿它當小費。一千元，折合美金將近四十元（以筆者採訪當時的行情換算）。如果你有機會見識一般美國人的荷包，就知道十元美金對他們來說已是大鈔，可以買很多東西，做很多事情，絕不能這樣隨便丟出去……。

筆者如此殷殷告誡，就是不願諸位進入豔舞酒吧後，將這ＶＩＰ角色扮演太過。否則，小心招惹民怨。運氣不好，流年不利時，就可能有一位剛失業，而且還是被中國（或日本）老闆開除的粗壯老美，因不滿閣下過度招搖，專程在酒吧門外等你。準備接續舞孃任務，讓你獲得比場內更熱情、痛快的肉體「招待」！

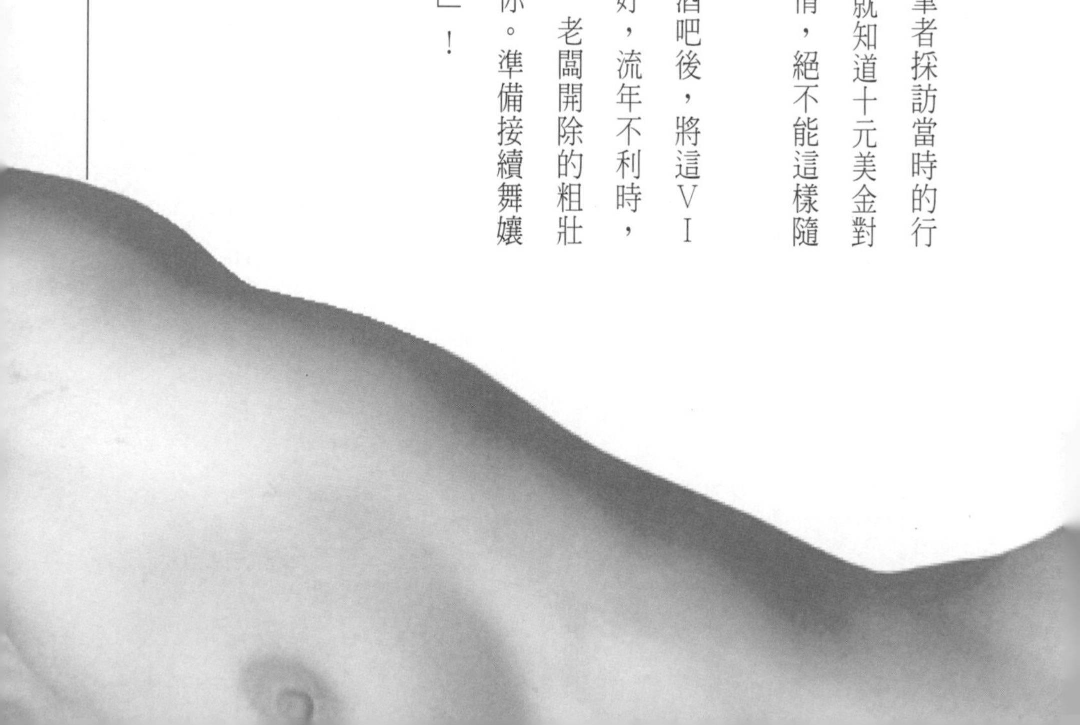

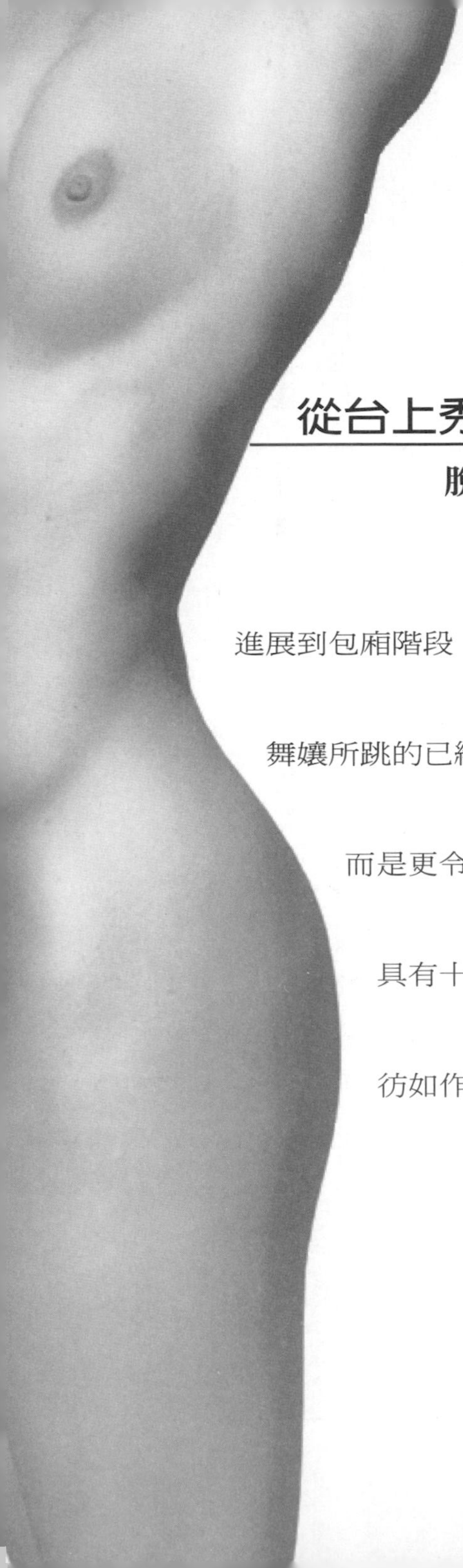

從台上秀到房間裡

脫衣舞場內另有文章

進展到包廂階段

舞孃所跳的已經不再是脫衣舞

而是更令人想入非非

具有十足震撼性

彷如作愛的性愛之舞

走進國外的脫衣舞秀場，觀眾們唯一能做的事，只是看著舞孃在台上表演嗎？

當然不只這樣。有經驗的老鳥可能會告訴你，除了衆所週知的台上秀，他們也看過更進一步的「台下秀」。只是這些人所津津樂道的演出內容，可能因所去的國家、城市有別，所進入的脫衣舞場經營方式不一，而有未盡相同的答案。

大體而言，日本脫衣舞場在台下表演的是供觀衆上下其手的「撫摸秀」，美國則爲「挑逗秀」。後者仍保留舞蹈動作，但舞孃賣弄風情的對象，已經由站在台上熱舞時的面對全場觀衆，變成僅針對台下的某一桌人士，或某桌裡的單獨一人。

表演時，舞孃有意無意地貼靠座位上的觀衆跳舞是常態，如果遇到更誇張（通常是有意逗弄）的舞孃，甚至可能跳到你的桌上，居高臨下小舞一番呢。

美國的台下秀相當隨興，日本則充滿規矩。那是由站到台下的舞孃，指定某幾位坐在她旁邊的觀眾（總共大約十來位），在一特定時間內（通常爲二十秒左右），分批（每輪二至三人）由其撫摸身體任何部位。

撫摸之前，舞孃會先用濕紙巾擦拭你的雙手，沒被擦到的人隨便伸手去摸，或是撫摸時太過粗魯用力，輕者遭到白眼，重者搞不好被大聲叱責。而且這種同仇敵愾之心，還會蔓延到鄰座觀眾。因爲，萬一舞孃心情不好，氣得掉頭走人，就不會再有下一輪機會，「福利」受損的觀眾們，不怨你怨誰！

筆者如此陳述時，曾有人提出更進一步的「問題」與「質疑」。那些沒見識過此等場面的人，最感興趣的問題莫過於——是不是哪

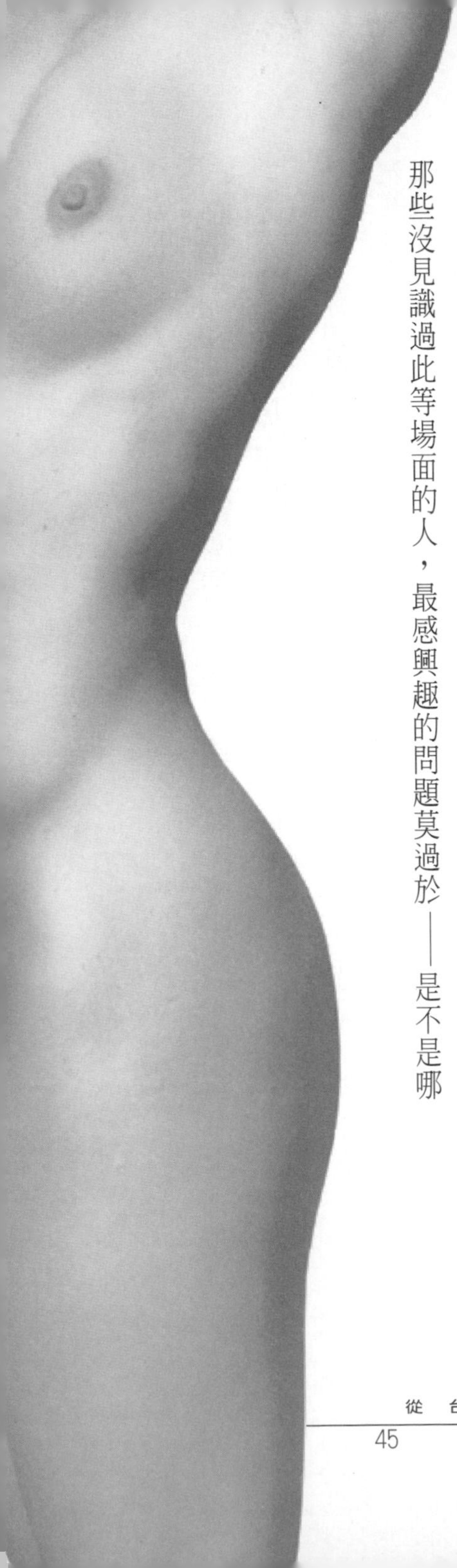

裡都能摸呢？當然可以！但原則有三。

第一，不能粗魯急躁。第二，除非對方應允，否則不可深入（或者太深入）女人最重點部位。第三，要有「先來後到」的次序概念。如果你想碰觸的部位，已經有另外一位觀眾的手擺在那裡，切勿強行擠入，去分那一杯羹。

至於「質疑」，說來好笑。曾有此等經驗的友人，聽了很不相信地反對：「可以摸到二十秒嗎？我認為沒有這麼久！」

關於時間，我絕對肯定。因為那是以至少五十次的台下撫摸秀為基準，當場計時所概算的平均值。朋友覺得沒麼久，其中必有心理因素——這等美事，就算是一分鐘也像一秒般的眨眼即逝，又有誰覺得自己分配到的時間夠長、夠久呢？

台下的挑逗秀與撫摸秀，都比台上火辣直接，但是還有比這更刺激、私密的房間秀。

進過日本脫衣舞秀場的人不知是否留意：除了光鮮亮麗，很是

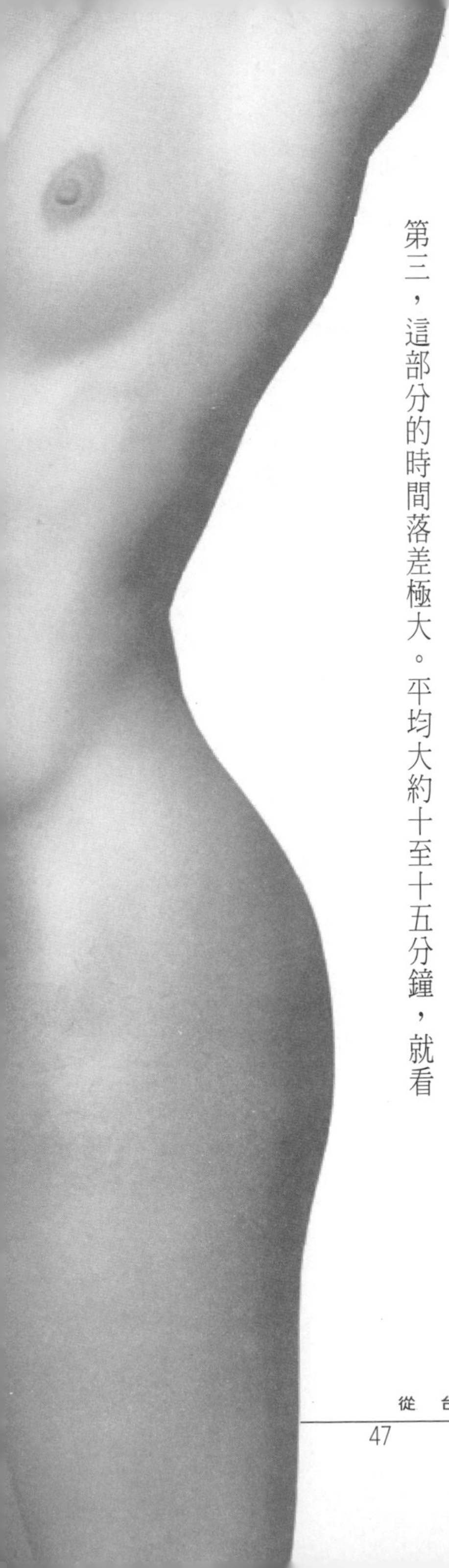

醒目的舞台外，就在觀眾席旁邊（或者是舞場的某個角落裡），通常設有幾個裝上木門、布簾的小房間，偶爾可見舞孃與觀眾，在此進進出出，不知做啥名堂？

如果你具備天生好奇心，也擁有足夠定力將目光脫離舞台，特別注意這些小房間的動靜，就會發現事情按以下的程序進行：

第一，先走進這些小房間內的總是觀眾，而且都是單獨的一位觀眾，在看似舞場保鑣或工作人員的引領下，掀簾或推門進入。

第二，數分鐘後，又有一位衣著整齊（通常是在舞台裝外再罩上一件外套）的舞孃，提著小籃子快步跟進。

第三，這部分的時間落差極大。平均大約十至十五分鐘，就看到衣著依舊整齊的舞孃走出。你去瞧她，對方還會很大方地對你微笑。

第四，又過了大約一、兩分鐘，觀眾也走出來了。其中會再入座看秀的人極少（除非是跟朋友一道來），大部分的人都是頭也不回地離開脫衣舞場。

綜合以上片斷，你能拼湊出房間內發生什麼事了嗎？

我的男性朋友們九成九認爲是在「辦事」。但不管是脫衣舞場的老闆或舞團負責人，在接受採訪時均鄭重否認。他們說：

「這裡又不是妓院，怎麼會眞做出那種事？舞孃只是幫受不了的客人，用手解決性需要而已。」

爲了取信於我，他們還特地帶我到觀眾席旁的「個室」參觀。裡面實在很小，除了牆邊固定著一張比較舒服的中型半長沙發（很像老式的普通火車坐席），和角落裡擺著一張小木凳外，既無其它設施，也沒剩下多少迴旋空間。這種場地的確不方便進行「眞刀實槍」

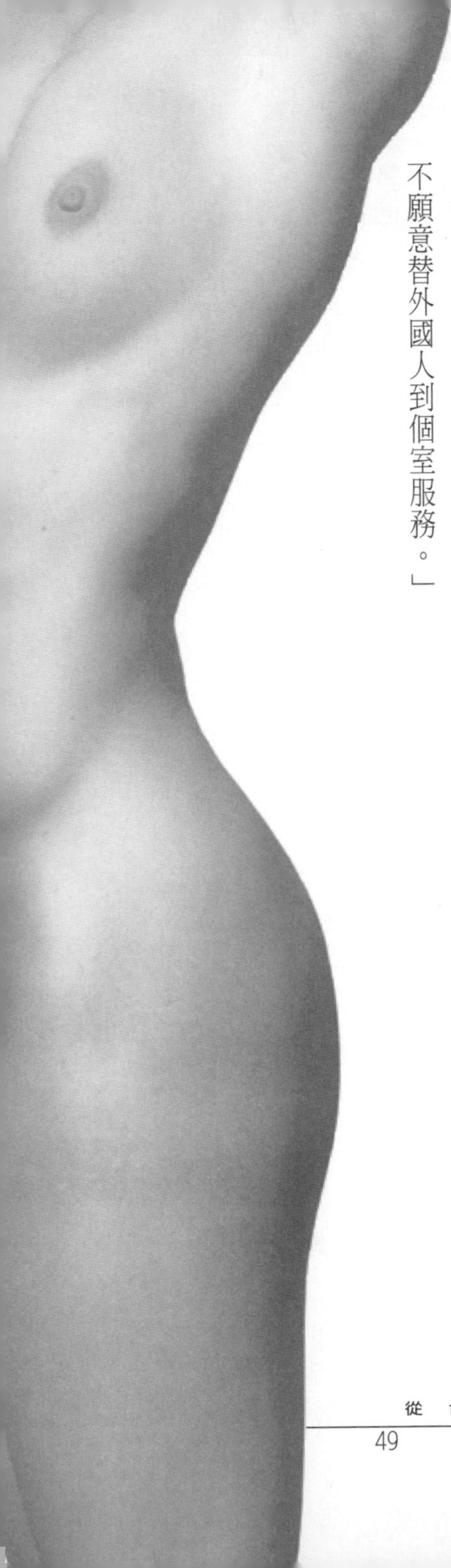

大戰，否則至少也該擺張小床比較理想。

我很好奇：觀眾能否自選舞孃，爲他在小房間內「服務」。答案是可以，但前提必須所指名的人，除了跳舞之外也願意做這種服務才行。否則舞團一律派出技術高超的職業槍手出馬，讓觀眾兩三下清潔溜溜（註：此句爲中文意譯）！

這樣得花多少銀子？舞團老闆伸出五支手指，我認爲他的意思是五千日幣（註：此家脫衣舞場的門票爲四千日幣）。但他馬上補充：「價格會因表演所在地的城市，因舞孃的人氣度而有所不同。不過你們知道價錢沒有任何意義，就算付再多錢，一般日本舞孃也不願意替外國人到個室服務。」

無獨有偶，我在美國的脫衣舞場也見過類似房間，讓台下秀得以進一步發展到裡面。它的空間要比日本「個室」大得多，裝潢也更美麗，或許稱「包廂」比較恰當。

在此得特別說明：不是美國每個地方的每家脫衣舞場，都準備著這樣的空間，或容許是項交易。但要是有，舞孃肯定會在台下對你熱舞時，用很性感的聲音當面問你：「想不想……」

美國舞孃（應該說是觀光地區的美國舞孃）比較喜歡貼近外國客人——尤其是出手大方的台灣客。坐在佈置很像夜總會的脫衣舞場內，就有好幾位舞孃分別舞到小費給的很是爽快的我們這桌。最後，當一位身材特佳，舞姿一級惹火的金髮舞孃在我們面前轉了幾轉，詢問想不想付費到裡面看「更有意思」的表演時，大夥兒終於棄守城池，商議要不要一探究竟。

那是好多年前發生在賭城「拉斯維加斯」的事情。其後見識更多，總算比較清楚美國脫衣舞場的房間秀。這裡面規矩實在不少，

例如：包廂內只做一對一的演出，舞孃不會同時應付兩位客人；當她在你面前熱舞時，只有舞孃可以碰你，絕不容許你伸手碰她，最後還包括你只能純欣賞，就算想用手自行「安慰」也不成。

不過這些規矩只是「理論上」存在。觀眾願意花錢加碼，雙方你情我願，尺度依舊有得商量。但問到是否可能在包廂發展成直接性行為，脫衣舞場老闆即刻搖頭，堅決否認。

「如果舞孃與客人談妥到外面怎樣，那是他們的事情，我們對舞孃下班後的生活並無約束力」，他說：「但它絕不可能在舞廳內發生，至少不會是在我們這裡。有需要請到別的地方解決。」

不過，對那些定力不夠，或初次經歷這等陣仗的男士，欣賞過包廂熱舞後，大概除了休息喘氣之外，已經不需要再到其它地方了。爲什麼呢？因爲進展到包廂階段，舞孃所跳的已經不是脫衣舞，不是讓你想入非非的誘惑之舞，而是彷如「正在作愛」的性愛之舞。

舞到最後，全裸的舞孃將跨騎到男人的腿上或腰上，以十足的嫵媚、狂野與熱力，無比激烈地扭動嬌軀，並配合達到高潮的呻吟與喘息——那實在可稱爲「作愛」，甚至比眞刀實槍的性愛更叫人窒息，更容易讓身上的某器官把持不住……。

只是男人的褲子，依舊完好無缺地穿在身上，從頭到尾都沒褪下而已。

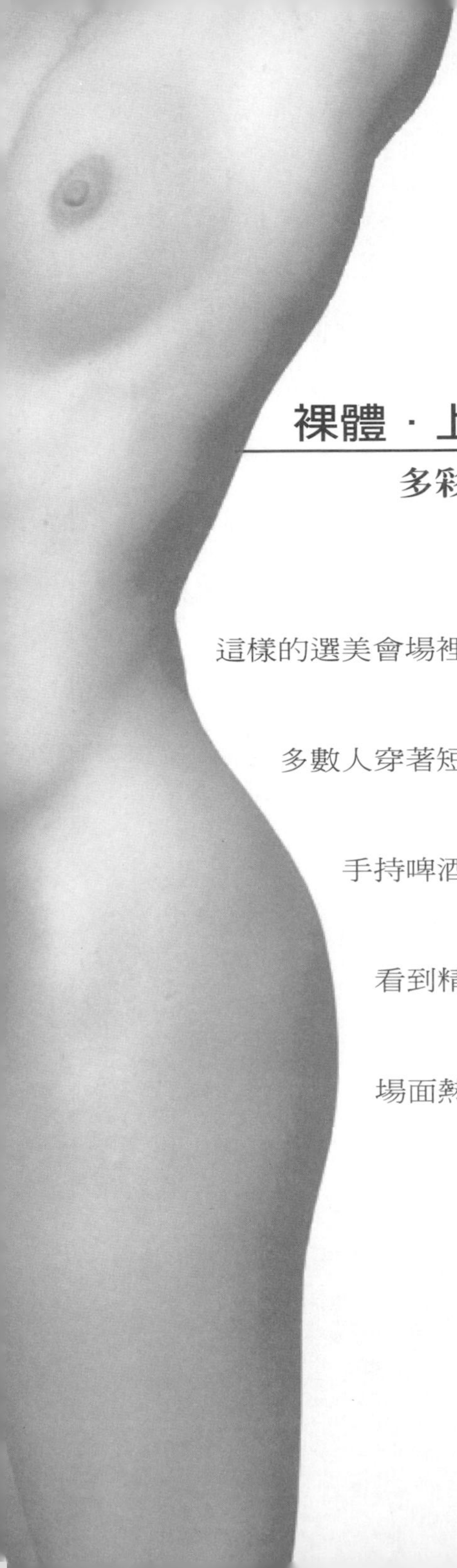

裸體·上空·比基尼

多彩多姿的美國選美

這樣的選美會場裡

多數人穿著短褲、涼鞋

手持啤酒、冷飲

看到精彩處，掌聲、口哨齊鳴

場面熱鬧歡欣

世界上，選美比賽舉辦場次最多，項目也最多元化的「超級」大國是那一國，你知道嗎？

答案：亞美利加合衆國——也就是美國！

這種讓男人眼睛大吃冰淇淋的美女競色，美國的大城、小鎮皆有舉辦，而且種類五花八門，無奇不有。

你認爲很樸實的農業城鎮，就有可能選個「蘋果」小姐、「南瓜」小姐，來爲當地農產品促銷。遊客衆多的海濱風景區，也有可能選個「沙灘」小姐、「啤酒」小姐，或某某商品小姐，爲夏日的海灘，再添加許多熱力與人氣。

美國的每一州，每一座大城市，通常少不了與該州或城市同名的選美小姐，即便是單一族群所聚集的區域，照樣也有選美舉行。例如衆所週知的唐人街，便有所謂的「華埠」小姐。

如果你知道美國的選美花樣，多到連拳擊賽場裡，舉牌告知比賽進行回合數的噴火女郎，或者大學運動會裡，揮舞彩帶加油打氣的啦啦隊美少女，也都有爲她們巧立名目，個別舉辦的選美比賽，就知道能欣賞的範圍有多廣泛。

這還不包括：一聽就可以讓男人心跳加速一倍的「上空」小姐、「裸體」小姐，或絕對香豔刺激的「脫衣舞孃」選美競賽。現在，就讓筆者從很專業、很精彩的脫衣舞孃選美展開話題吧。

我必須坦承：自己從未見識全國性的脫衣舞孃大賽，只是有幸恭逢東部數州聯合舉辦的州際選美——那是在美國東北部的「康乃狄克州」，賽場設於當地首府「哈佛特」。

那一年，參加選美競賽的脫衣舞孃，共有百來位之多，爲了縮短比賽時間，同一現場分爲東、南、西、北、中，總共架設五座表

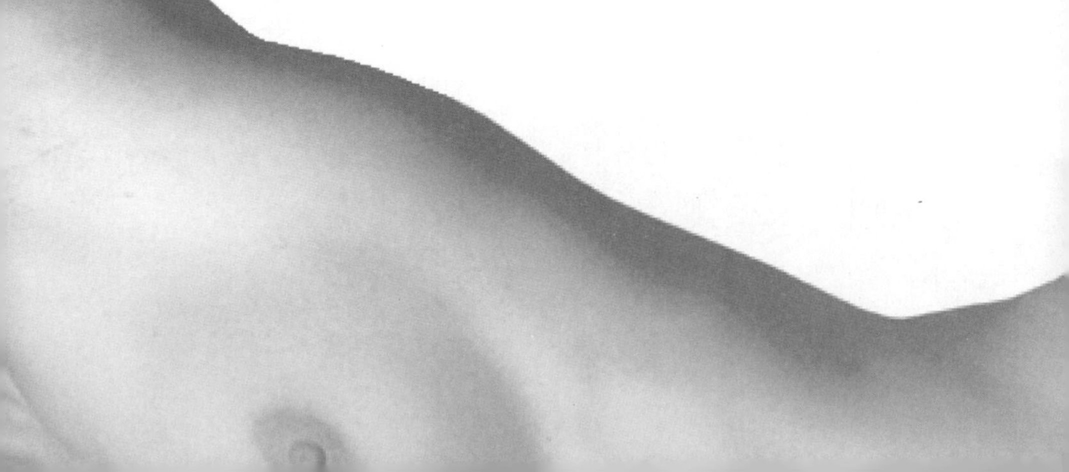

演舞台，舞台以外的空間，則以近百張圓桌擺出觀眾席。現場來賓均以圓桌爲單位（每桌大約十人）對號入座。場面可謂壯觀。

要不是高掛大廳上方的英文字母，很刺眼地提醒著——待會要進行的是那種性質的活動，在脫衣舞孃正式亮相前，場面還眞像美國兩大政黨的募款餐會。至少我是這麼認爲。

這種選美，省略了「晚禮服」單元，也不會有機智問答。舞孃一出場，就是穿著最能展現出自身本錢與特色的三點式比基尼，展開火辣辣的舞蹈。比賽規則大概是這樣的——

每位舞孃都可以在台上跳完兩條歌，歌曲（或舞曲）自選，只是每首的長度不得超過三分鐘。舞蹈過程中，當然得脫衣服，但可脫的範圍，僅限於上半身的比基尼。至於下半身別著號碼牌的小三角褲，無論如何不得除去（這就和脫衣舞場不一樣）。

參賽的舞孃，到底該在何時脫，並無嚴格規定。不過多數舞孃，都是在第一曲即將結束時，才很有技巧地脫成半裸狀，然後光著上身跳完第二條歌。這樣的展現方式，好像也比較合乎表演的節奏感。

正式比賽，和脫衣舞場裡的表演有何不同呢？

有的，最大差別，就是很直接的性暗示手法（例如：愛撫重要部位）消失了，代之以更專業、流暢的舞蹈表演。舞台上，不時可見女郎演出劈腿、旋轉、空翻等高難度舞技，甚至連瑜珈動作都有人編排在舞蹈裡。

由於參加比賽的舞孃，多爲各舞場菁英，面貌、身材、舞技均屬上乘，因此可看性頗高。更重要的是演出固然火辣辣，卻沒有明顯的色情味道（如果閣下自己想歪，那又另當別論）。我想，那些在

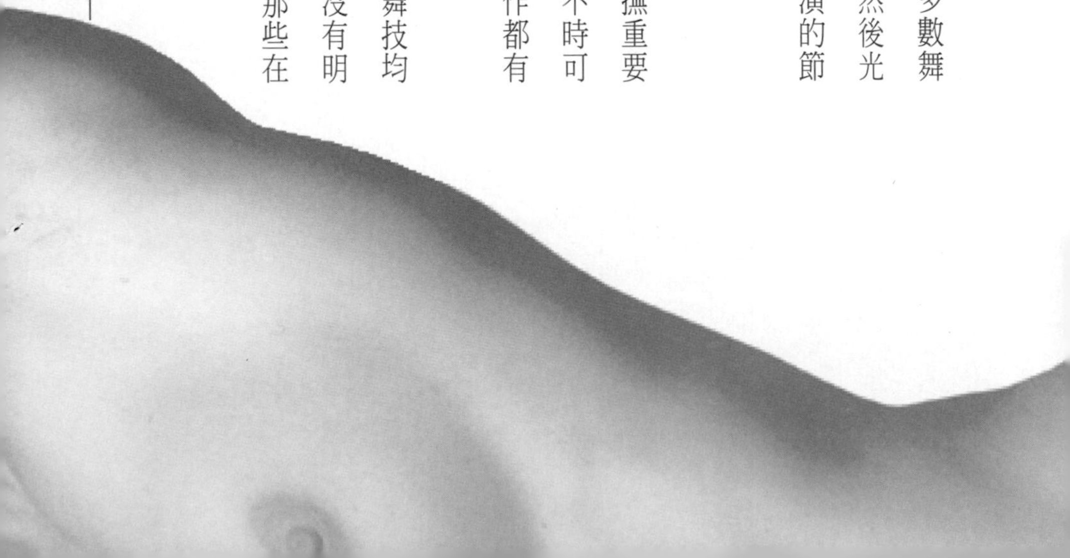

美國酒吧的脫衣舞秀裡，看得臉紅心跳，最後不支逃跑的女性同胞來到此地，應該都可安心坐下，輕鬆看完全場。

接下來，我要談上空小姐與裸體小姐。這兩種選美通常是不跳舞的，除了顯露個人姿色、三圍比例外；在動態表現上，主要是比較小姐們擺「POSE」的功力，和配合音樂節奏（比較慢的音樂）走台步亮相的本事。

我曾問過一些男性朋友：「你喜歡看上空小姐選美？還是裸體小姐選美？」

百分之八十的人毫不猶豫地選擇後者；百分之十五有點龜毛，也有點愼重地說：「看情形！」

只有不到百分之五的人肯定表示：「當然要看上空小姐。」這是內行人的選擇。因爲，眞正全裸，未必比稍微穿著一點衣服好看，尤其是在選美舞台上——這種美女雲集，燈光清楚明亮的大型開放空間裡，更是如此。

雖然，裸體小姐選美，絕對不是從頭到尾都光著身子在比賽；你也不用擔心她們卸下衣衫後，會出現「姿」質不佳的胴體。只是「期待」一旦沒了，「想像」空間一旦消失，還能剩下多少欣賞的樂趣與味道。這就像上空小姐選美時，筆者反而欣賞穿著小背心（是可以露出百分之八十胸部的角力選手背心）亮相單元的道理一樣。一目瞭然，澈底曝光有什麼意思呢！

脫衣舞孃、上空、裸體小姐選美，都是較為特殊的選美，普遍性不高，專為看它而前往美國某一個地區或城市，實在沒必要。蘋果小姐或南瓜小姐的選美，你可能根本不知道在那裡舉辦，想看也

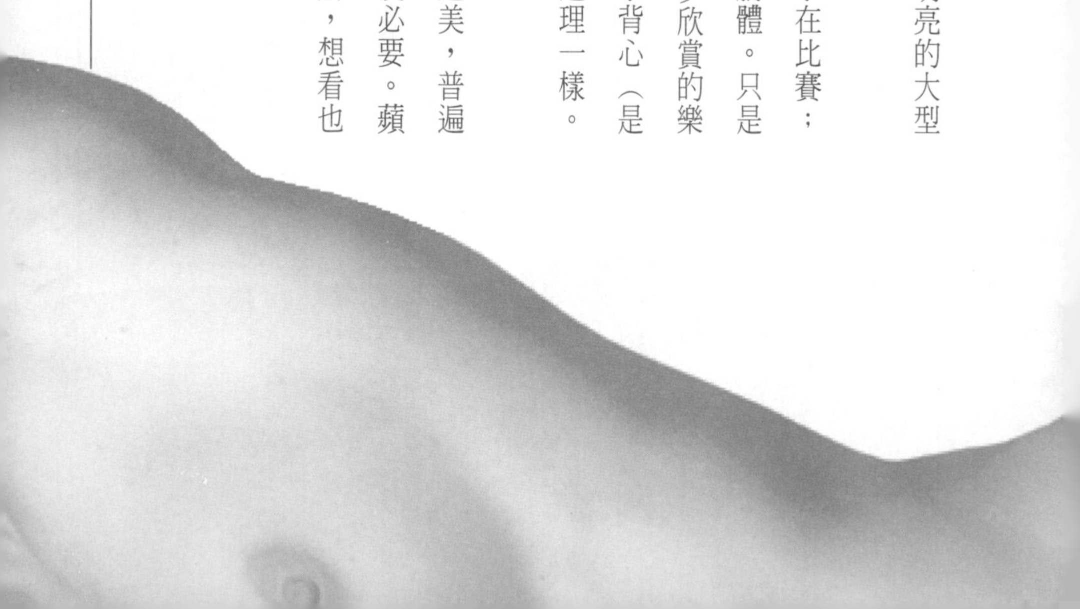

不容易著手（據我的個人民意調查，百分之九十以上的男性朋友對這些瓜、果小姐毫無興趣）。

如果眞想見識一下美國的選美，其中參加最容易，消費最低廉，場面最熱情有勁，搞不好你都能擔任裁判的是——冠上各種名目在「海灘」周邊舉辦的選美，炎炎盛夏的南加州各處海灘，這樣的比賽不知有多少，只要經常前往，稍稍打聽，總會叫你給碰上。

海灘選美，場面通常不大，參加的小姐也很難多過於三十位（一般爲二十位左右）。比賽地點大約有三，第一，就在沙灘上搭台舉行；第二，在某座游泳池畔（又以飯店的泳池居多）；第三，在某一家酒吧或夜總會裡。

由於沙灘地帶是公眾場合，爲了不讓兒童與青少年看到不該看的東西，因此脫成全裸絕對不可能。即使上空，也必須在可以管制入場的封閉性場地（例如酒吧裡），因此選美的主秀，還是以比基尼泳衣爲主，小姐們就穿著它，配合音樂來段熱舞競技。

這可不像正式的選美會場，觀眾們個個衣冠楚楚，正襟危坐，不出半點聲音。現場，多數人穿著短褲涼鞋，手持啤酒，看到精彩處，掌聲、口哨聲齊鳴，場面熱鬧歡欣。

可別小看這些鼓勵，因爲它們可能就是決定勝負的關鍵。所以，我常說沙灘型態的選美，所選的不是眞正的第一名，而是最有觀眾緣的第一名。最後勝利的小姐，當然也不會像正式選美般，喜極感動而泣，多數是笑得開心無比，而且勝者通常還會演出一小段最誘人的熱舞，以答謝裁判及來賓支持。

沙灘型態選美的主持人，最好是ＤＪ型的打屁大王，這樣才能在過程中，一再挑起觀眾參與的熱情。有時候，他還得扮演「剪刀

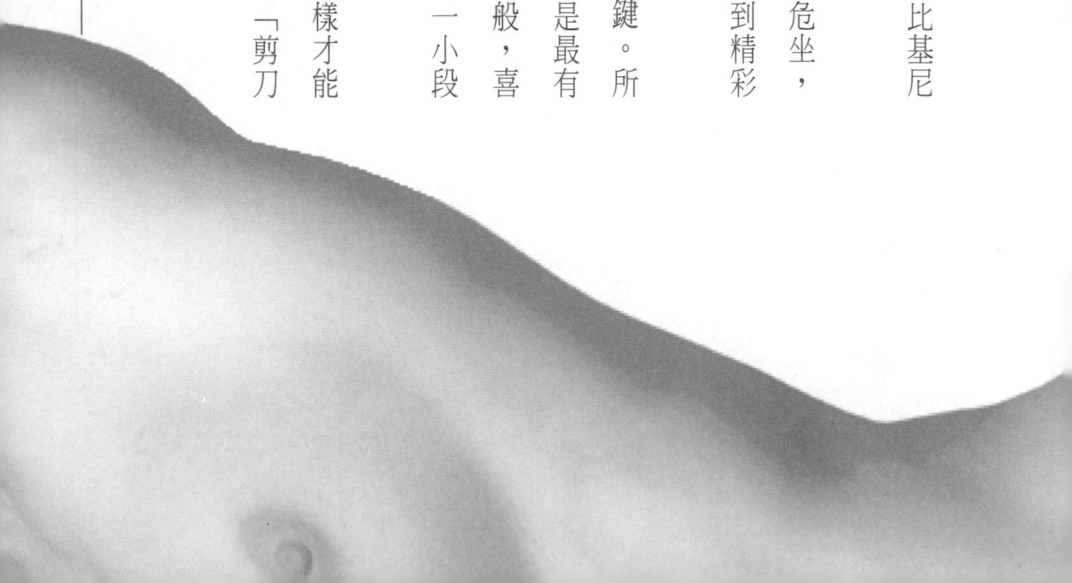

手」或「潑水人」的角色，選擇最適當的時機，以最叫人想入非非的動作，像作秀般剪開小姐的衣物，或潑濕小姐的T恤，露出上半身丘壑分明，若隱若現的胴體……。

我常告訴那些赴美的男性好友：環球小姐選美，看看電視轉播就可以；其它各種選美競賽，可隨緣參加；至於沙灘型態的選美，無論如何得親臨現場，感受百分百的娛樂情境。

別以爲穿著比基尼不夠暴露，別以爲罩著T恤不夠刺激，在現場氣氛的鼓動下，那位口哨吹得最響亮的人，可能就是你！

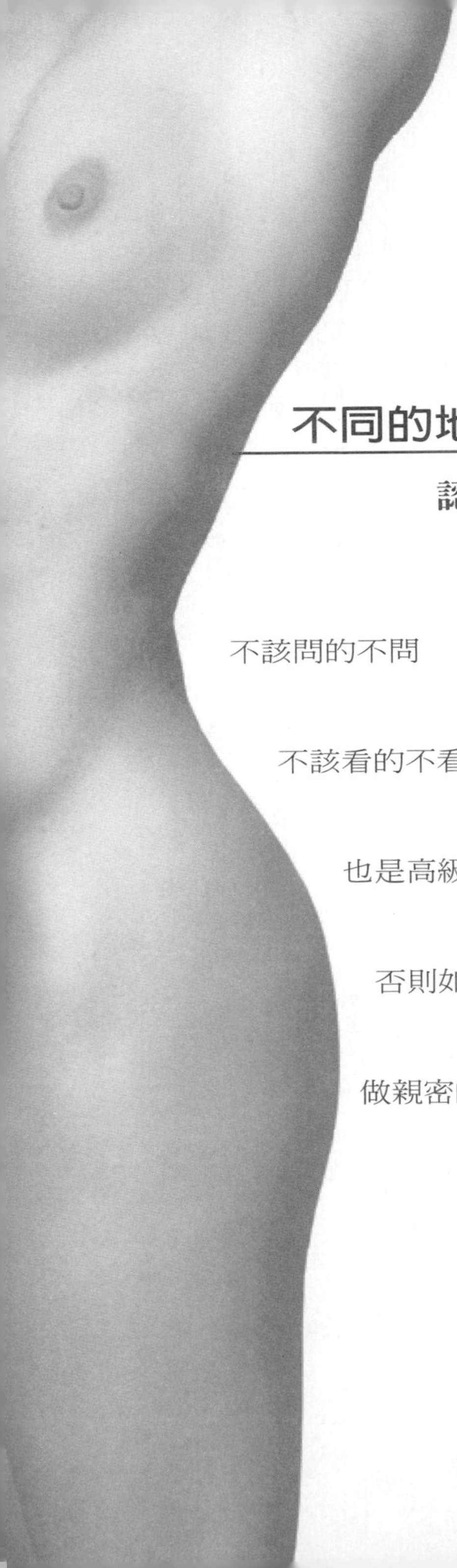

不同的地方，不同的格調

認識伴遊女郎

不該問的不問

不該看的不看，不該理的不理

也是高級伴遊女郎的必要訓練之一

否則如何陪伴大亨豪客

做親密的伴遊之旅

越南，胡志明市。上午九點鐘。

某豪華觀光飯店的大廳內，坐著一群打扮入時的女郎。她們的年紀多半很輕，長相也不差，那種化了妝，又捲燙過頭髮的俏模樣，一看就知道和飯店外的廣大婦女群眾不一樣。

這些美女在這裡做什麼呢？

不明究理的人，必然以爲在「等人」，因爲眾位女郎，雙眼緊盯電梯門口的神情，會叫人直覺認定：她們的朋友，就住在飯店裡，雙方已經約好在大廳見面。

接下來，總有些什麼事要辦？或者就一起遊玩吧！

這樣想，基本上沒錯。她們的確是和朋友約在飯店，只是呢，這些「朋友」，可能在昨天之前，雙方都還沒打過照面。

至於一起遊玩，這也沒錯。只是跟她們去遊玩，可是有「代價」的；而且在遊覽中途，她還會帶你去一處跟任何名勝古蹟都扯不上關係的地方。那是一間不怎樣的小旅館，在旅館房內的旅遊課題，

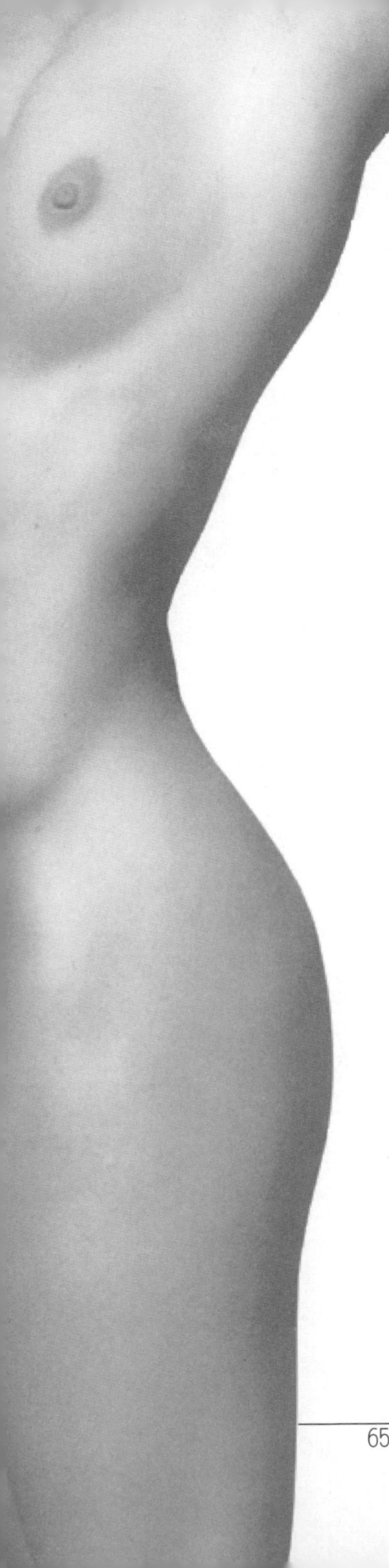

可是一番雲雨巫山……。

聰明的你，應該早就猜出這些女子的身分，就是所謂的「伴遊女郎」；但是可能不解：既然已經住在飯店裡，而且還是前面所提的「豪華觀光大飯店」，想做愛做的事爲何不帶到自個兒房內，何須另覓「不怎麼樣」的小旅館？

其實，筆者所描述的——已經是九〇年代初期的胡志明市伴遊景象。在那之前，的確不必如此麻煩。只要價格談攏，伴遊女郎整天都能陪住飯店房內，不但「伴」得徹底，更讓你「遊」得痛快。

後來，越南政府大力掃黃，飯店業者也高度自律。再不許這些鶯鶯燕燕出入其間。筆者所描寫的：在飯店大廳等待，已經是從寬處理後的景象，不過在半年前，伴遊女郎等候客人，還只能站在飯店門口，連大門也不准進入呢。

說起來，出國旅遊，不帶家人同樂，卻另外花錢找人「伴遊」，確實有些荒唐。事實上，會找伴遊女郎（對不起，也有伴遊男郎）的單身旅遊者，心態上通常不可能只是——找個人陪你遊玩，或者想要瞭解當地風俗民情……。

主要動機，恐怕還是與「性」有關！

只是，單純的買春、發洩性慾，太過赤裸直接，說起來也不好聽，因此才以「伴遊」爲名堂來包裝。如此一來，不但想要發洩的事得以解決，帶著漂亮女郎同進同出，四處遊玩，又可增加莫名的優越感。難怪，只要有觀光客出入之地，通常就找得到伴遊行當。

在國民所得較低，警方取締較鬆的國家裡，伴遊女郎、應召女郎，甚至流鶯，三者之間的界域並不明顯。只要客人有需要，價錢談得攏，原本只做一小時性交易的女郎，隨時可「昇級」，變成多數

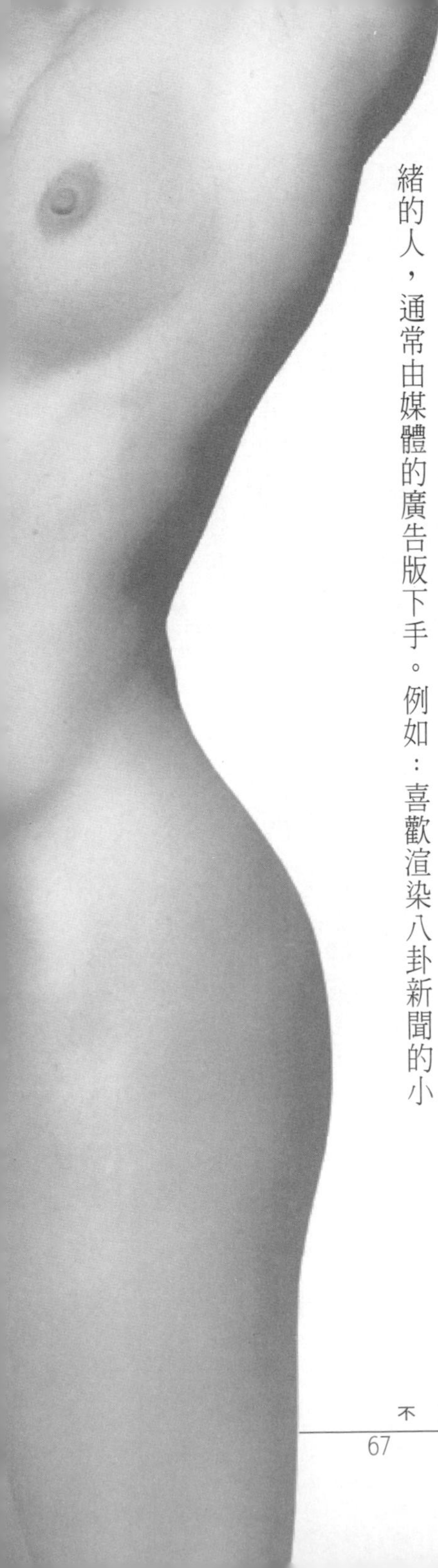

時間陪你觀光，少數時間從事性活動的對象。

你要找她們，也很簡單。通常，還不等你問起，攬客黃牛、執業女郎，就自動找上門來。她們的報價，絕對叫人心動不已。君不見幾年前出入越南的台灣男性觀光客，身旁多有穿著傳統服裝的越南美女溫柔相伴。

更有人覺得僅有一女陪著不夠過癮，還想一箭雙鵰，享受齊人之樂。這種場面見多了，再看到整團男性觀光客，也有數目相當的整團美女伴遊時，也不會覺得有什麼好訝異的。

到了高度開發國家，尋找伴遊女郎的困難度就高多了。毫無頭緒的人，通常由媒體的廣告版下手。例如：喜歡渲染八卦新聞的小報（不會是紐約時報），或情色雜誌廣告欄裡，八成就有線索。

只是循此管道所聯繫到的「單位」，多半仍以應召爲主業，伴遊只是副業。她們是在客戶提出要求，也願意付出合理金錢時，才額外提供是項服務。因此，女郎的表現未必專業。你要翻雲覆雨可以，要帶她出去走走逛逛也沒問題，但就是見不了大場面，無法出入那些比較高級、正式的地方。

其實，那些高度開發的國家，通常都有非常專業的伴遊機構，提供受過特別訓練的伴遊女郎。只不過，她們的服務對象，不是「亨」字輩人物，就是道上大哥；如果你的條件不夠，或只是剛好到當地一遊，除非有熟人引介，否則根本難窺堂奧。

專門單位所培訓出的伴遊女郎表現如何呢？筆者曾在某艘航行於南太平洋的郵輪上，認識一位來自洛杉磯的大哥；他身邊就帶著一位高級伴遊女郎。船上七日相處，近觀其姝言行舉止，我的最後結論是：若無兩把刷子，還眞當不了一位「帶得出去」、「見得了場

面」的伴遊女郎呢！

此女容貌，性感、冶豔，自然不在話下。更難得的是態度從容高貴，言談落落大方。論身材，可媲美情色刊物內的年度玩伴，講打扮，也不輸給模特兒或服裝設計師。

郵輪之旅，一天需要更換數次服裝，不管是到陸岸遊玩的輕便休閒服，在船上泳池戲水的三點式泳裝，以及每日晚宴所穿的各式晚禮服，她都能變換地叫人眼睛一亮（這當然也跟她曼妙的身材不無關係）。我眞好奇，她每夜所穿的睡衣是何等模樣？但這部分的旖旎風光，我當然沒辦法知道。

說起那位大哥，除了身高體胖外，長得實在不怎樣。這樣的人能夠帶著如此美嬌娘做船上逍遙遊，除了讓人羨煞萬分，也叫人議論紛紛。直到郵輪之旅的最後一夜，他才在船上酒吧道出女郎的「伴遊」身分。既然如此，呈現在這對不搭調「伉儷」身上，那一幕幕充滿大男人主義的恩愛場面，也就不足爲奇。

否則，當太太的怎可能每天在游泳池畔，一而再，再而三，親親暱暱地幫老公馬殺雞，或者溫柔體貼地抹上全身的防曬油；到了餐廳、酒吧時，倒酒、點菸、夾菜，樣樣服務週到。而且，她絕不只是在場陪笑而已，不是只有美麗軀殼的花瓶，無論任何場合，言談舉止，應對進退樣樣中規中矩。

郵輪之旅的最大收穫是：讓我見識到高級伴遊女郎的大家風範。下船前，我曾經很好奇地向這位大哥問了價錢，那數字，還比坐上七天的郵輪貴上許多（郵輪每日的固定消費是新台幣一萬兩千元）。聽說，要不是像搭郵輪這麼好的CASE，這價錢還不可能請得動對方。

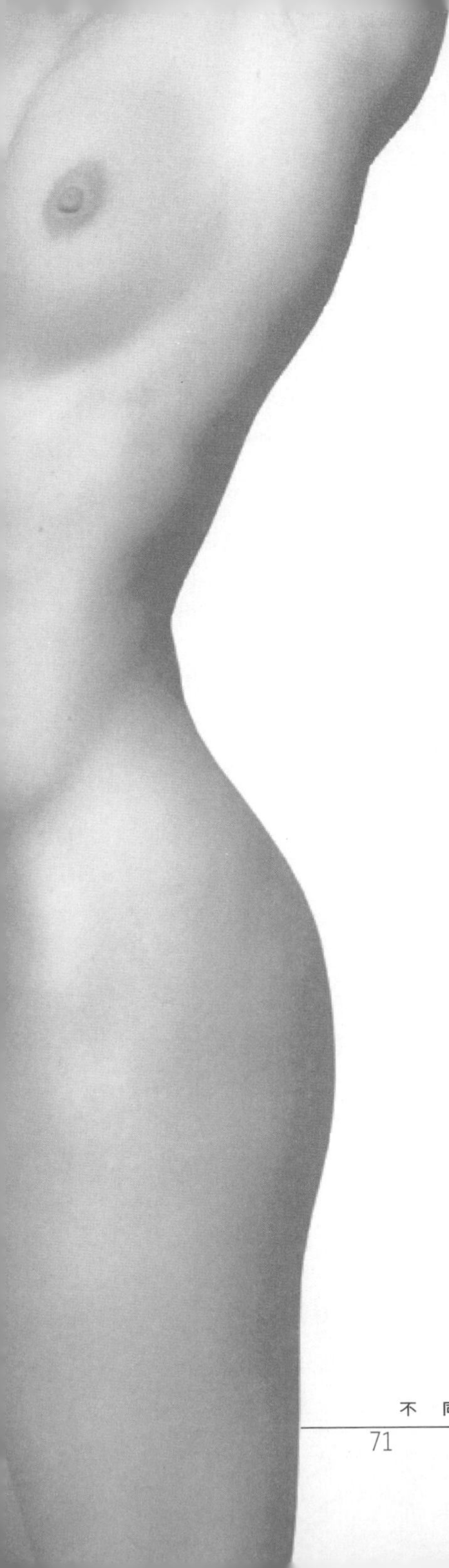

事後我突然想起，七天以來各種場面的寒暄中，只有我們找她講話，她卻從未主動開口向我們提出任何問題……。

我想，不該問的不問，不該看的不看，不該理的不理，應該也是高級伴遊女郎的必要訓練之一。否則，如何陪伴那些事業有成，又藏著諸多「秘密」的大亨豪客，做每日相依相隨的伴遊之旅。

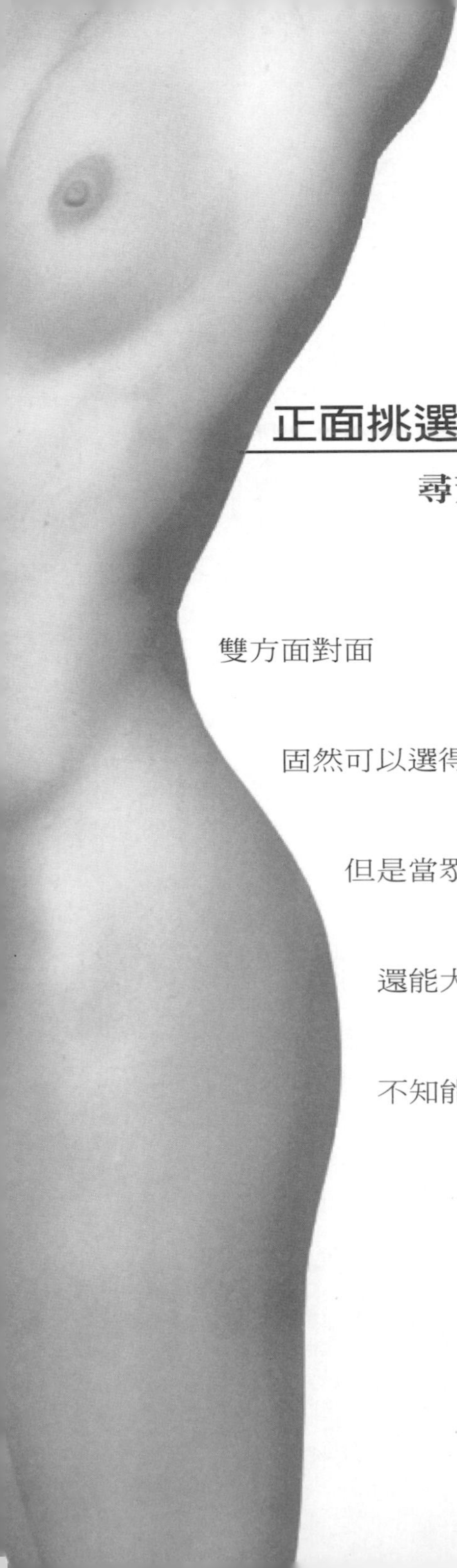

正面挑選，壓力無限

尋芳客您甭害羞嘛

雙方面對面

固然可以選得方便

但是當眾家姑娘一字排開時

還能大氣從容的男士

不知能有幾人

尋芳客，挑選對象的方法有許多。

比較不精確的，是您說出自個兒所好，由仲介者核對物色，將選擇權交給別人；再進步點，可從「花名冊」看照片，判讀裡面記載的身高、體重、三圍。此外，也有使用電腦挑選，電腦所提供的資料，除了與花名冊大同小異外，或許還加上一段動畫影片，讓「看走眼」的機率降到最低。

無論照片、資料、動畫影片……都有一項缺點，那就是與眞實的本人，多少有些誤差。不管時代再怎麼進步，最保險、穩當的方式，還是「面對面」直接挑選。

不過這樣做也有難處，那就是必須承受女郎們的「注視」與「期待」，尤其是在衆多女人堆裡選擇，有很多人注定落選時，壓力更是無限。八五年左右，我因爲跟隨某「買春團」赴韓採訪，才首次體會到這種負擔的沉重與磨人。

所謂買春團，只是一種你知我知的「任務」編組。這三個光鮮大字，不可能印成團名供人瞻仰。但是從行程表上仍可看出些許端倪。通常，這種團的旅遊行程安排相當鬆散——參觀活動多半排在下午（上午得在旅館休息）；晚上的節目，就寫著「自由活動」。

嘿！好個自由活動，這眞是「自由」地叫人遐想啊！

記得第一天在漢城用晚餐時，領隊即席宣佈：晚上八點半，全團在飯店某房間集合，請務必準時……。

哦，不是自由活動嗎，既然如此，爲何有「集合」的必要？而且全團集合，爲何不選在大廳，而是某某房間呢？

我聽了心中雖啓疑竇，卻不敢貿然詢問團友。他們，每個人知道我是來採訪的（因此跟我聊天的第一句話，幾乎都是要我千萬別

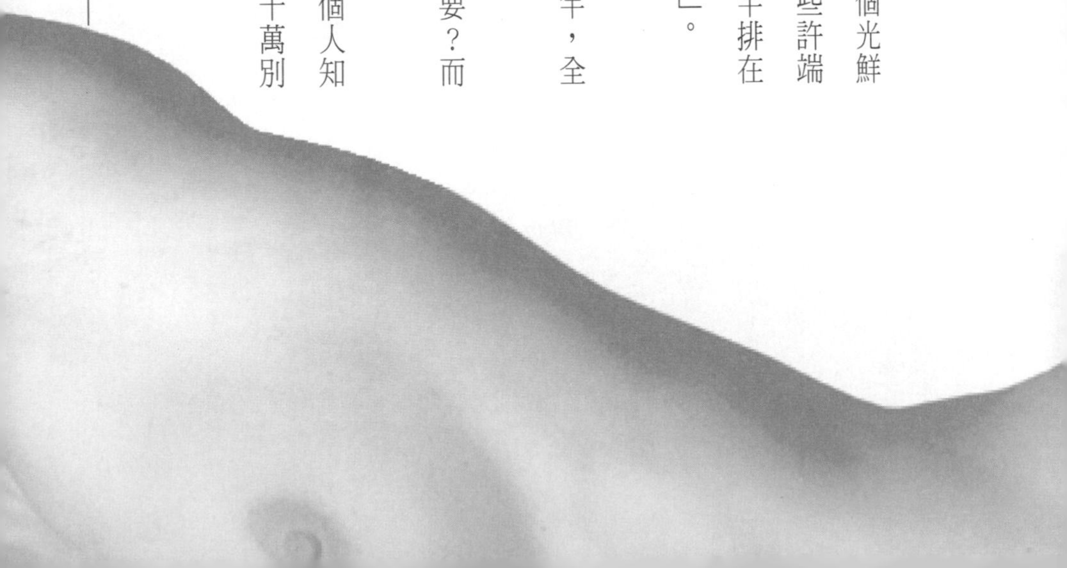

寫出他們的名字），要是連這也不知，豈非顯得太嫩了！

當晚，我特別提前十五分鐘到場，想先偵察環境，好做應對。現場房門深鎖，等了數分鐘也沒見到有人進出。由於實在瞧不出名堂，只好去按鈴敲門。房門很快打開，但只開了一條小縫，門縫裡同時出現一張向外窺探的熟悉臉孔——那是我們的領隊。

「是你，怎麼來早了？」說著，他還探頭瞧瞧外面有無其他團友。「別人都還沒來，你先進來坐吧！」

我閃身入內，身子尚未立定，就聞到滿室濃郁撲鼻的香水味。等雙腳站妥，看清眼前風景時，更驚嚇得難以動彈。

你說：我看到什麼？那一剎，我看到很多很多——多得叫人無法一眼看清、數清的女人，個個塗脂抹粉，盛裝打扮擠在房裡。這房間並不大，而女郎的人數又如此眾多，因此幾乎擠滿房間後半部的每一角落。就連小小的雙人床上，也坐著十餘位楚楚動人的年輕女郎，這等陣容怎不叫人眼花撩亂。

但是，令我如此驚駭的主因，並非對方人多，而是現場所有女郎，每一位都轉頭向我，每一雙眼睛都直愣愣地注視著我。那種壓力——尤其是在毫無心理準備的情況下，突然被這麼多位妙齡女郎一起注視的壓力，眞是何其沉重啊！

它讓我想開口發聲，甚至只做個最簡單的微笑……都辦不到。直到領隊招呼我坐下，我三魂七魄才慢慢重回身體。

八點半，團友逐一準時進入房裡。我本以爲：這些識途老馬，應該不會像我這樣驚慌出糗。那知，其中至少有百分之七十的人，也顯露出靦腆羞怯的樣子。據我估算，眞有氣魄逛繞全場，逐一審視每位女人，悠哉挑選自己所好者，不過三、四人而已。

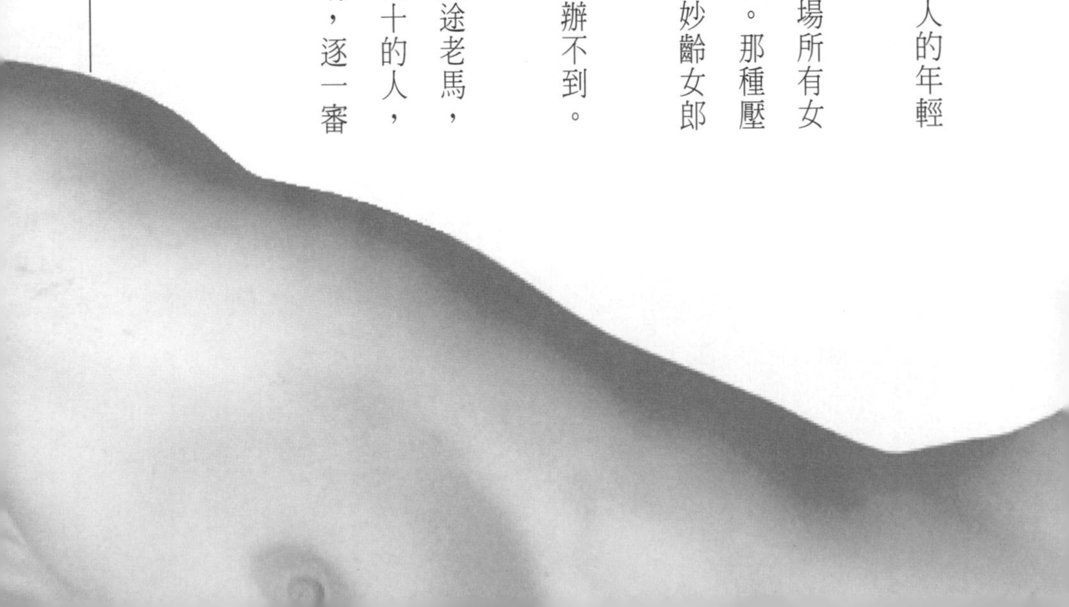

絕大多數人，都只是就近看看，大致滿意就趕緊溜回男方陣線。

事後，我問這些團員，大家的反應都是：「地方那麼小，人又那麼多，怪嚇人的，怎麼有心情慢慢挑選啊？」

我想確實如此。雖然男方是買春的主角，掌握選擇與決定的大權，可是一旦面對眾多女子同時投射的好奇、期待、蠱惑目光時，這力量可能立即渙散萎縮，並膽小羞怯起來。

爾後，我在越南的情色ＫＴＶ又遭逢類似場面。以往的韓國買春之旅，每次面對的女人至多不過三、四十位；而在越南，卻會遇上一、兩百位女郎，同時向你行注目禮的壯觀場面。

這陣仗是怎麼擺的呢？有時一字排開，有時是左右兩列，不管如何列陣，反正從門口到櫃台，從廳堂到樓梯間，可能都站滿了女人，每一位到此捧場的客人，都必須從中間穿越鶯燕大軍，邊走邊挑選自個兒中意的對象。

經營此店的老闆笑著告訴我：「許多老實的台商，見到這種脂粉排場，臉都馬上紅了，通常也只是就近選擇而已……。」

我想，能夠在一百位女郎注視的壓力當中，心不慌、意不亂，冷靜觀察比較，選擇出自己所認爲的第一名，的確不容易，大概只有非常諳熟此道的老鳥，才有本事辦到吧。

後來，越南開始掃黃，政府認爲：女郎成群結隊站台，讓客人公開挑選，實在有違公序良俗，遂下令嚴禁。因此現在前往越南，前往類似聲色場合時，都只能到小房間中選擇伴侶。雖然，男客在每個房間所面對的鶯鶯燕燕，已經降到二、三十人，但這也足以讓首次上門的男人怵目驚心、手足無措……。

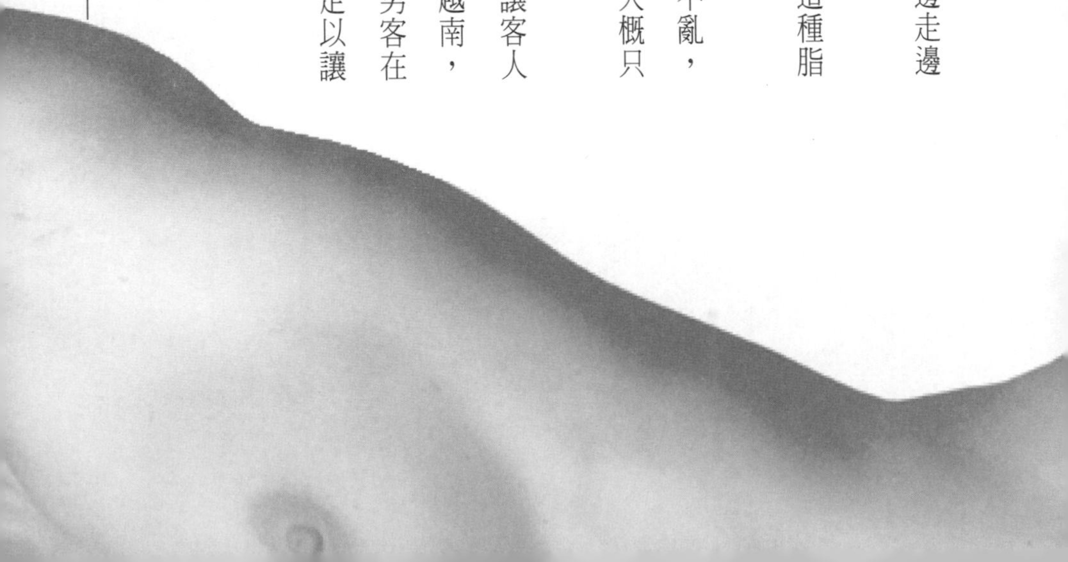

我想，還是泰國的業者聰明。他們的泰國浴場，女郎動輒百位之多，爲了怕客人選擇女郎時，因害羞、驚惶而倉促決定，便以特製的玻璃分隔內外，將女郎集中於內，男賓分隔在外。

這種玻璃的妙處，在於僅有「單面」可以視物。外面的男客，可以清楚見到裡面的女郎，而女郎卻見不到外面的顧客。如此設計，的確可讓挑選者感覺從容自在多了。

某位光顧過泰國浴場的朋友詢問筆者：「從裡面，眞的是看不到外面嗎？」

這眞是個好問題。其實，只是看得不太清楚，而不是絕對看不見。在裡面或坐或臥的泰國浴女郎，還是可以隱約見到男客在外徘徊，或者駐足觀望。當她察覺男客正望向她時，女郎表面上不動聲色，但是在暗地裡，已悄悄擺出能誇耀自身優點的最佳姿態，以爭取雀屏中選。

否則，一室散漫的女郎，萬一讓顧客看得「性」興缺缺，不就沒生意可做了！

上述各種面對面模式中，以玻璃來屏障，應該是較具人性的措施。不管玻璃另一面「可見」程度如何？也不管尋芳客心中，知不知道自己還是可以被看見。它的存在，都爲雙方保留了比較多的尊嚴，並減少在挑選過程中，所連帶產生的壓力與挫折感。

毫無保留地面對面，固然是最不容易產生遺珠之恨的選擇方式，但是當眞面臨眾家姑娘一字排開的「零距離」的場合時，還能夠大氣從容，不急不迫的尋芳客，不知能有幾人？

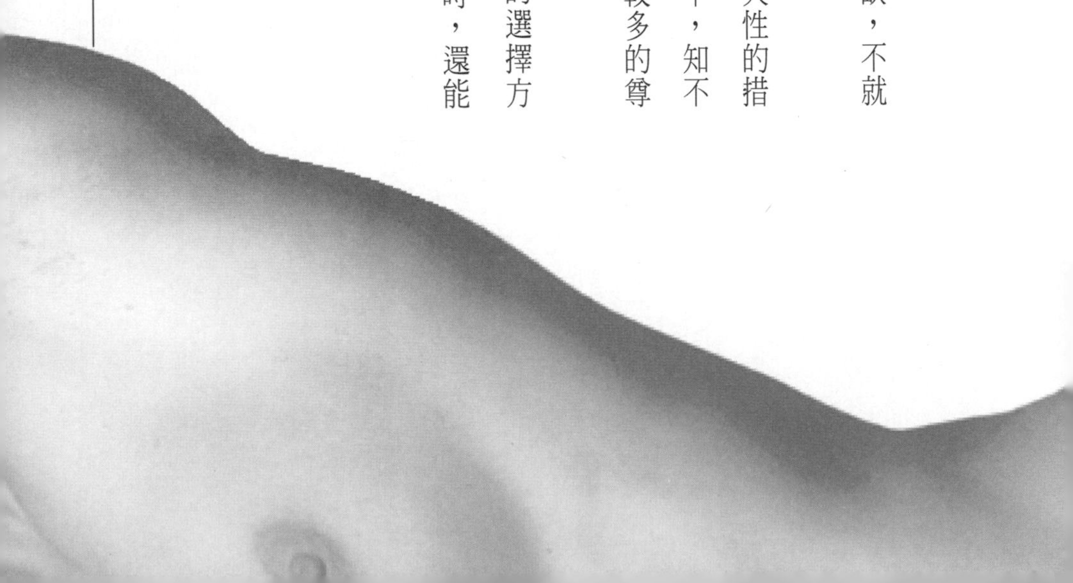

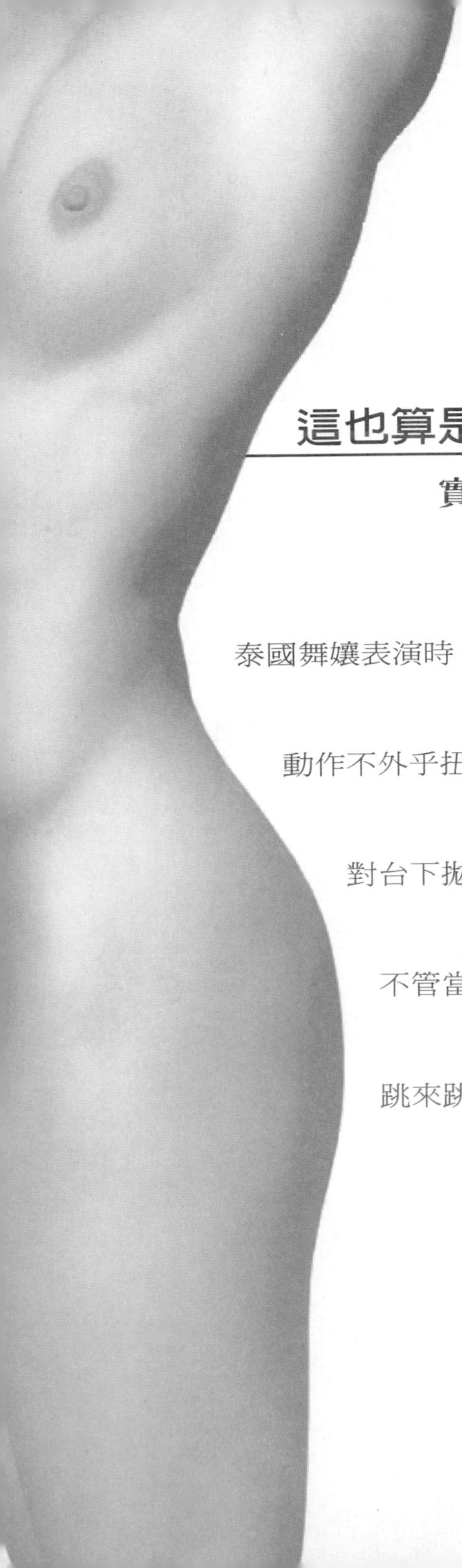

這也算是表演嗎？

實在不高級的泰國秀

泰國舞孃表演時

動作不外乎扭扭腰、擺擺臀

對台下拋拋媚眼

不管當時播放的歌曲如何

跳來跳去總是這一套

雅好欣賞情色秀的朋友問我：「國外看秀，那裡最適宜？」

我回答：「美國與日本。」因爲，日本妞敬業，美國孃煽情，二者的演出，皆有一定水平。

「那麼——」他又問：「那些地方不適宜看秀呢？」

老實說，不適合欣賞的地方實在太多了。聯合國一百多個會員國，百分之八十夠資格名列榜上（其中包括根本沒有是項表演的國家）。就連「色」名遠播的泰國，也是一處不宜看秀，或者說——欣賞不到高水準演出的地方。

多年前，我就曾在泰國某處海濱度假勝地，看過一場空前絕後，至今尙可「引爲笑談」的情色秀。

記得當時，我一走到秀場門口，就直覺裡面一定不對勁。

因爲，要門面沒門面，要招牌沒招牌，一看就像個臨時場地。而且在門口收費的小弟，上身只穿內衣，下身只有短褲，還渾身髒兮兮，流里流氣，充分顯現出這是個很不入流的地方。

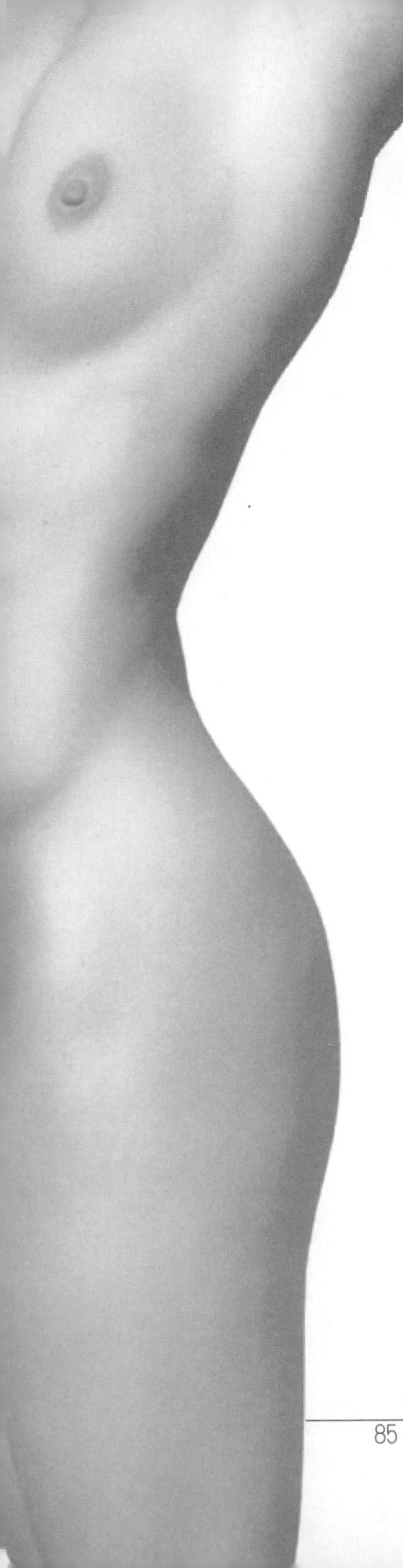

我怕進去只會浪費時間，就告知同行的朋友算了，換個娛樂吧。但他興致正高，執意要看。結果，所有不對勁的預感，果眞在進門後逐一實現。

先說場地吧。那裡面，劇場不像劇場，酒吧不像酒吧，只能說是有屋頂（帳蓬式屋頂）的工地秀場。場內的椅子，不是堅硬的木頭摺椅，就是五顏六色的塑膠板凳，坐在上面看秀，毫無舒適感可言。再加上滿地紙屑、空瓶，一室鬱悶熱氣（在泰國，居然沒有空調），你就知道整體的環境如何了。

場地令人難過還不打緊，我更受不了燈光與音響。舞台上的投射燈，該亮的地方不亮，該暗的地方卻又亮得刺眼，根本亂打一通，毫無章法。場內的音響，高音處可比破鑼，低音部恰如悶鼓，說它是音響，還眞恭維，只能算是「擴音器」罷了。

這麼差的聲光效果，這般惡劣的欣賞環境，唯一能讓這場秀起死回生的最後關鍵，就剩下台上的表演者。可是這些人的表現，絲毫沒有超出場地的水準。

坐在場內的我，實在萬分納悶：這些脫衣舞者到底是怎麼「甄選」出來的？扮相太差，身材乾扁瘦弱還算次要，更重要的是曲曲亂跳一通，動作既無節奏更無韻律。舞孃們，脫是脫了，卻脫得叫人不忍卒睹，過程中毫無美感可言。

我正想慫恿朋友離去，主持人卻在這時出場宣佈「特別秀」開始。說著，一對身材不知該麼形容才好，總之是很遜的年輕男女，直接光著身子上場，從他們所鋪的墊子判斷，應該是要做性愛實演。

場內，原來很是散漫的觀眾情緒，此時終於稍微激昂一些，但

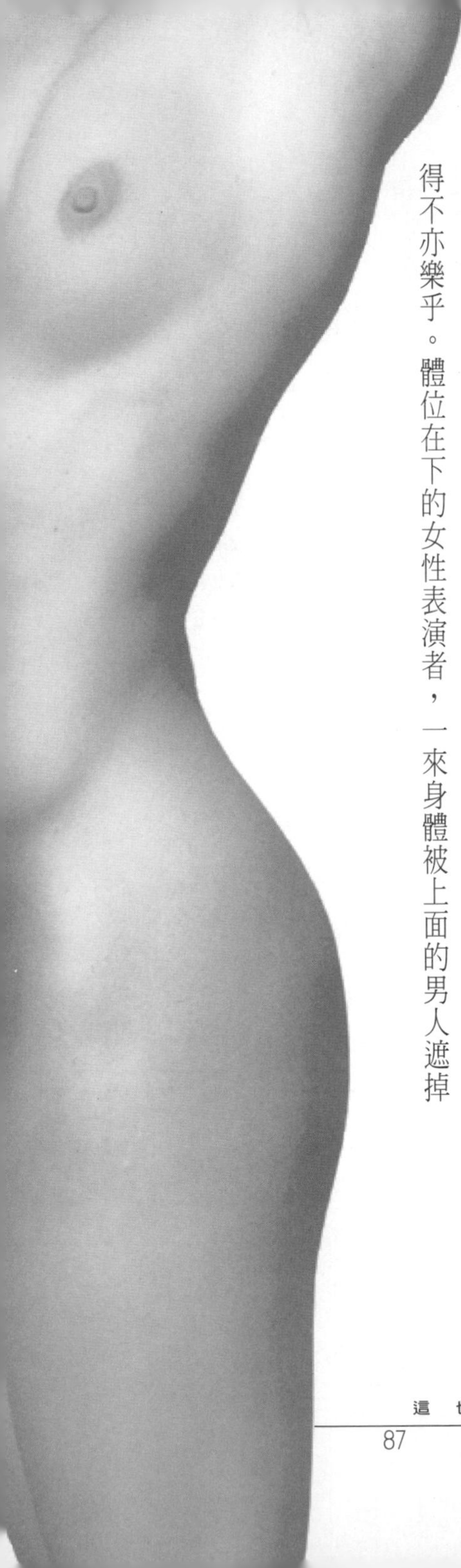

是沒持續三、兩分鐘，又化爲一灘死水。因爲，這對男女實在表演得太漫不經心，太過敷衍了事。激情談不上，煽情更沒有，只能說是很拙劣的「墊上運動」而已。

這時，更發生了一件非常爆笑的事。原本在觀眾席內盤旋不已的蚊子，突然心血來潮飛往台上，向全身赤裸的兩位表演者大舉進攻。這也讓他們原本散漫的動作，突然變得積極起來——當然不是積極「辦事」，而是趕打蚊子。

體位在上的男性表演者，從兩手撐地的姿態，改換成只用單手；空出的一隻手，一會兒拍打自個兒屁股，一會兒拍擊腰背，忙得不亦樂乎。體位在下的女性表演者，一來身體被上面的男人遮掉了大半，受害面積較小，二來又有雙手可用，因此得以上下揮舞，左右拍擊，驅趕起來更顯得神勇無比……。

當時的情況就是這樣。幾隻臨時加入的蚊子，使得台上原本近乎胡鬧的演出，更顯得荒腔走板。即使閣下沒有親臨現場，應該也能想像男女雙方，一邊維持很不熱絡的性愛動作，一邊眼觀四面，耳聽八方，兩顆頭顱任意流轉（不是看對方，而是找蚊子），三隻手一起拍打飛蚊的性愛場面，到底多具「笑」果！

邊郊之地的演出情況如此，換成首善之區是否會好些？

我也曾在泰國首都曼谷的歡樂街，看過另一些有欠高級的情色秀。這些地方，有的是豔舞酒吧，有的是脫衣舞場，前者，還未必得入室登堂，就可從門口隱約看見服裝暴露的女郎，在台上搖擺扭動，後者，則得付費進入其中，方知裡面辦啥名堂？

論裝潢水平，位於首善之區的聲色場所，當然要比邊郊鄉鎮好過許多。但是，除了場地、燈光、音效……等硬體改善之外，其餘

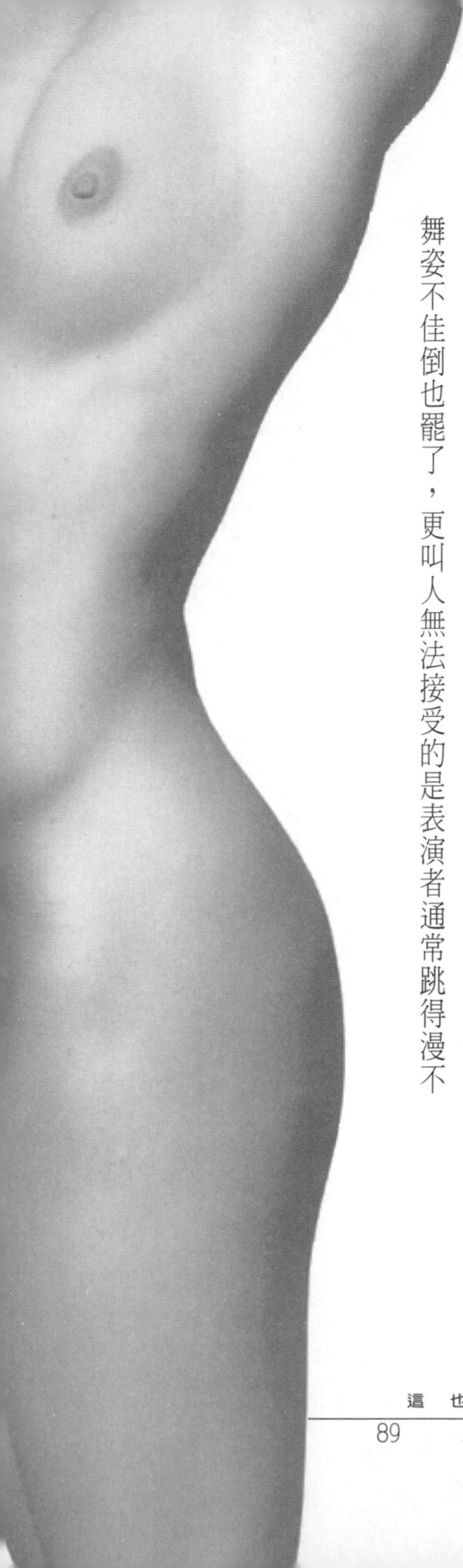

各節，一樣叫人搖頭嘆息。

基本上，出身東南亞熱帶國家的舞孃，皮膚的白嫩細緻程度，當然不及寒帶地區的北國嬌娃；而身材的惹火程度，更比不上身高體壯的歐美女郎。這樣的人往台上一站，先天上已經遜了一籌，再加上舞藝普遍不佳，表演又缺乏設計，實在很沒看頭。

說起泰國女郎的舞蹈姿態，我倒是印象十分深刻。她們的動作，不外乎扭扭腰，擺擺臀，然後對台下拋拋媚眼，不管當時播放的歌曲如何，跳來跳去總不離這一套，即使挑大樑演出單人的獨舞秀，也見不到可以和音樂配套的舞碼。

舞姿不佳倒也罷了，更叫人無法接受的是表演者通常跳得漫不經心，給人的感覺就是應付了事。

在日本，舞孃只要跳過一支舞，保證渾身香汗淋漓，滴滴可見。在美國，當舞孃奮力甩動身體時，連汗珠都可以像水幕般揮灑出去。這不是因爲場內空調欠佳，而是舞者賣力演出的關係。

結果，在空調差強人意的泰國秀場，舞孃可能連跳三支獨舞，甚至加演了一場性愛秀，還臉不紅，氣不喘，連汗也不流一滴，這還當眞神奇。

我曾利用採訪機會，跟某位資深的泰國舞孃談起美國、日本的秀場情況，順便詢問泰國的秀，爲何表演得如此「隨性」？

她看我一眼，很不以爲然地說：「那些日本人、美國人，大概是爲自己表演？表演的好處，由她們自個兒領取吧……」

這位舞孃，雖然處處點到爲止，不敢談得過於深入，但卻可從語氣與表情中感受到那種「不勝噓吁」的無奈感。

我猜想，她（或者包括其它的許多泰國舞孃）壓根兒也不願意

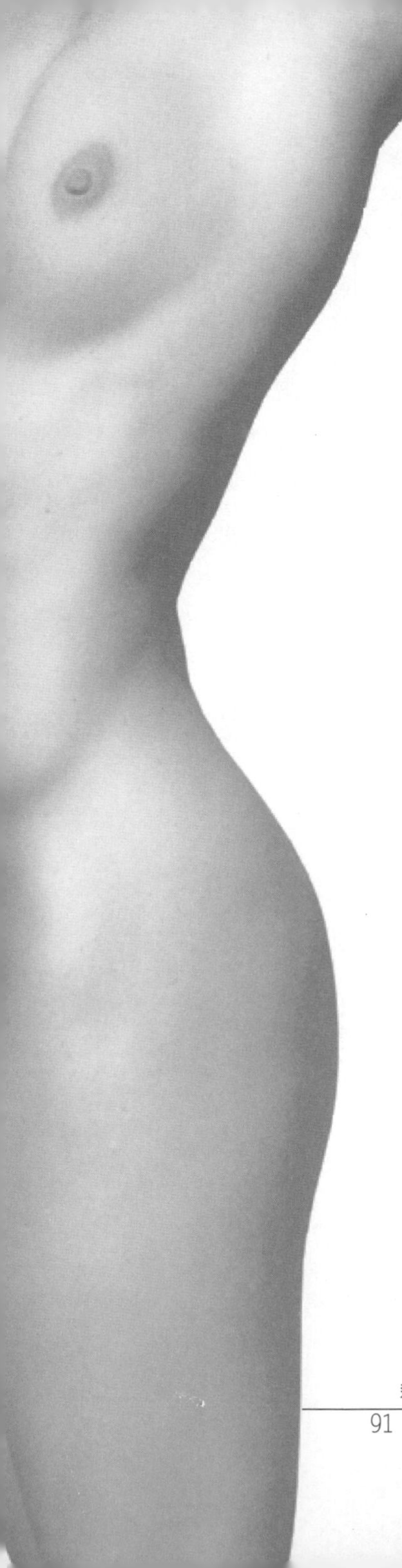

站在台上演出，今日如此，是另有「不得不爲」的情由。這種趕鴨子上架的演出，自然有氣無力，怎樣也精彩不起來。

一般而言，東南亞諸國的情色尺度，大都比較保守。其中，在情色行業的經營上，項目最多元，供需最蓬勃的首推泰國。這跟二次大戰後，美國大兵將此地視爲度假樂園不無關係。

只是，去處多，總類多元化，並不等於水準整齊，品質高級；而且據我觀察比較，多數地方還眞是很不高級——進入其間，談不上欣賞，離開後，也沒有叫人回味的餘韻，只能說是赤裸、隨便、低俗的色情展現。

現在，敢洗泰國浴的觀光客少了，色大膽小的男性同胞，多改爲轉戰泰國「秀場」，只用眼睛，做最安全的性接觸。這樣做，安全歸安全，但是所見的戲碼，實在缺乏觀賞價値。

以我個人來說，就從來不覺得自己曾在曼谷見過情色秀，那只能算是不入流的「色情秀」；至於泰國海濱的那場爆笑演出，連色情秀都談不上，只是鬧劇而已！

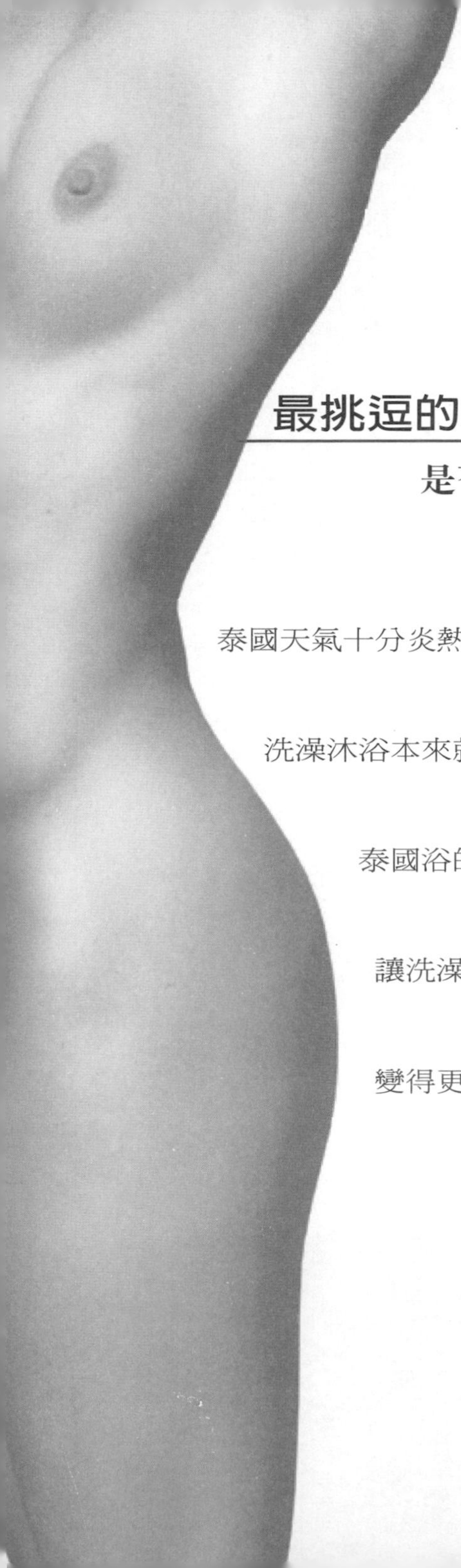

最挑逗的洗澡秘技

是否洗過泰國浴

泰國天氣十分炎熱

洗澡沐浴本來就是每天得做

泰國浴的摩擦技巧

讓洗澡這件事

變得更有意思和味道

要談泰國浴，絕對不能錯過「曼谷」。

這座泰國首善之都，以泰國浴的「從業」人員最多，店面最豪華，技術最道地……三項總冠軍，睥睨全泰國，稱霸整個世界。

到泰國旅遊的人，可能不知道玉佛寺，沒去過大皇宮，但絕對不會不曉得：這裡有「泰國浴」這玩意兒。部分男人（這裡指的是台灣的男人），還可能爲了自己——到底該不該洗？該怎麼去洗？總共要洗幾次？而天人交戰，痛苦不已。

痛苦的緣由，還不是因爲那駭人的「愛死病」。在這項世紀絕症廣爲人知前，洗過的人，可眞多如過江之鯽（不過，坦承自己洗過的人，大概不會有那麼多）。就連女性同胞，也躍躍欲試，想身體力行地感受這項泰國的沐浴國技。

十五年前，筆者曾有一群朋友組團去曼谷做商業考察。五天的行程，到底考察出什麼無人談論；可是在回國後的洗塵宴裡，席間人人對泰國浴津津樂道不已。聽說，還有人一日二洗，日日奉行，洗到囊空如洗，連機場的行李超重費都得向團友借調。

到底泰國浴有何魅力，能讓許多男人愛到最高點，不洗不行呢？瞭解它的操作方式後，存疑者或能明白其個中原因。

曼谷的泰國浴場，大致可分爲三種等第。分別是：中級、高級，與最高級。除非是非法經營（不向國家領照、繳稅），全然以色情爲導向的小浴場，否則不會有讓人感覺「低級」的場合存在。

最高級的泰國浴場，可說是「俱樂部」的變體。不管是內部裝潢、小姐素質，樣樣沒話說。這種等級的浴場，通常發行「會員卡」，若非卡友（或者是卡友帶去的朋友），根本不得其門而入。上門的顧客，也因此享有比較高的隱私權。

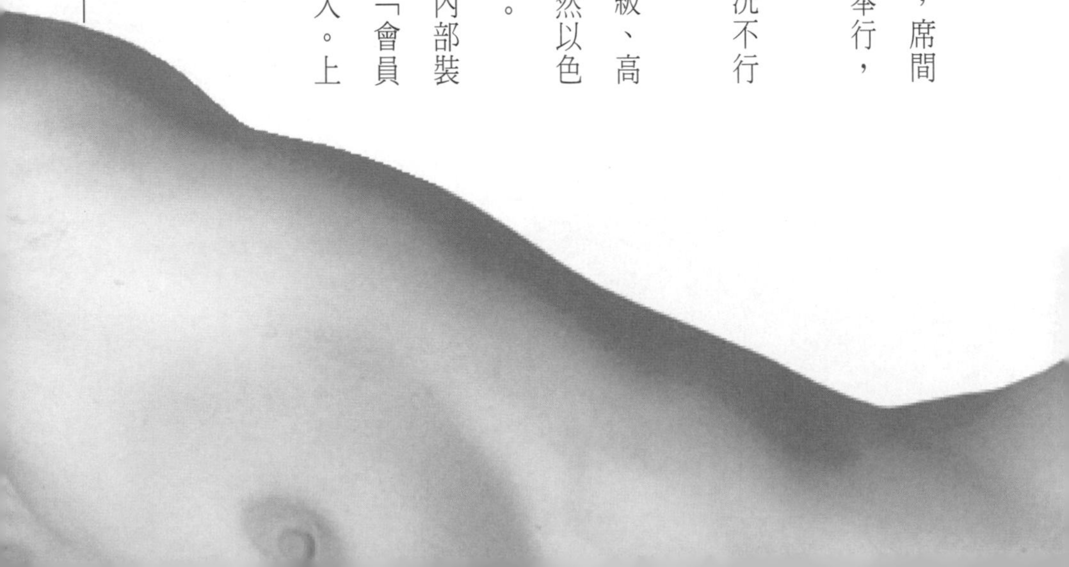

高級與中級的差別，未必很明顯。主要從整體的規模大小，與浴孃多寡來區分。至於裝潢，雖不如最高級者，但也有如飯店、賓館。國人到曼谷洗泰國浴，所洗的大概都是這種等級。有些經常接待台灣客的浴店，甚至特別雇請中文解說員，幫顧客指點迷津。

就有前往曼谷自助旅遊，最後還是「情不自禁」光臨泰國浴場的朋友告訴過我：「不知該如何是好時，竟有人上前用中文幫我解說，感覺眞是太棒了！」

這話道盡店家連細節都考慮週到的用心。

最後，還有一種只提供小姐，本身卻無浴場的泰國浴店（還得帶到飯店或其它地方洗）。如此不專業，實在無法分級歸類。而且這種店的「色情」指數，保證遠大於「洗」，眞要評比，只能算是不入流的「最低級」了！

不管你進入任何一種泰國浴場，第一件得辦妥的事，就是挑選小姐——也就是待會兒幫閣下洗泰國浴的人。

這些小姐，清一色是泰國人（多數來自曼谷以外的鄉下），年齡從十幾歲到三十歲都有。但還是以二十出頭的妙齡女郎爲最多。至於身材，雖然也是環肥燕瘦，不一而足，但基本上都不算胖，而且豐乳肥臀，三圍凹凸有致者，亦不在少數。

她們的共同點是：皮膚比較黝黑，臉上濃妝豔抹，多數燙著頭髮，而且個子通常不高……總之是很標準的東南亞熱帶女子模樣。

當班的小姐，都集中在一個牆上裝設整排特殊玻璃的大房間（應該說是廳堂比較恰當）。你可從外面看到小姐，小姐卻見不到你（或者說是無法清楚見到你）。如此設計，一方面可讓來客細細端詳，慢慢挑選，一方面也可避免挑選過程中，可能發生的種種尷

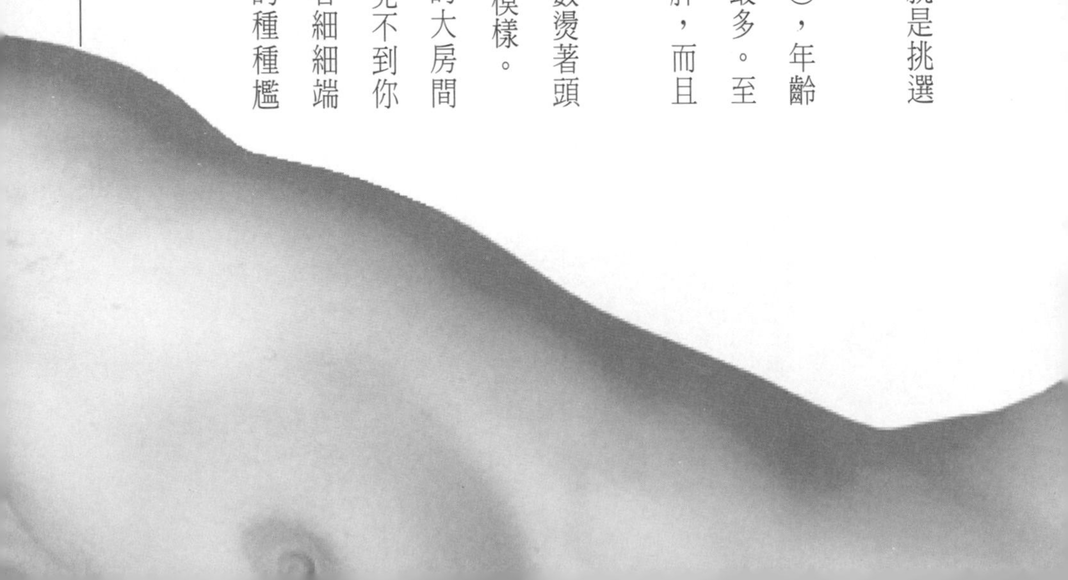

尬。

每位小姐身上，都別著大大的號碼牌。閣下看中意，只要將牌號告訴服務人員，她就會去你的房間報到。整個挑選過程，安排得既專業又企業化，可見泰人經營浴場確實下了工夫。

曾有人詢問筆者，該如何挑選呢？如果只能在窗外看，你怎知這位小姐洗浴技術的好壞？這得話分兩頭說——

第一，醉翁之意不在「洗」者，通常只是看人挑，模樣身材臉蛋最要緊，洗浴技術的好壞，想必只是次要而已。

第二，對那些眞想嘗試泰國浴洗澡秘技者，事實上也是很難挑選。通常，能成爲合法經營浴場的小姐，技術大致不差；問題在於：她願不願意很敬業地發揮技巧，用心幫你洗一場道道地地的泰國浴。

浴孃心知肚明：像你這樣的觀光客，下次再光臨——尤其是再選她幫你服務的機率幾乎等於零，她實在無須使出渾身解數留住你。

此外，也有很多人對泰國浴的清洗方式，只是一知半解（男人眞有興趣的，未必是如何洗這一部分）。甚至以爲：只要來到泰國、走進泰國浴場，所洗的自然就是泰國浴。因此她也樂得輕鬆一些，馬虎一點，反正你不懂嘛！

到底泰國浴怎麼洗呢？在世界上已知的洗澡方法中，似乎沒有比它更撩人的淨身方式。它的別緻處，在於幫你塗抹沐浴乳時，浴孃用的不是手，更不是海綿或刷子。她得利用自身最重要的三點（尤其是最讓男人感覺神秘的那一點），一遍遍，來來回回地在你身

上摩擦，直到抹遍全身爲止。

過程中，男方只須「輕輕鬆鬆」躺在溝紋狀的充氣墊上就沒事，但浴孃卻得因應塗抹部位的不同，隨時擺出最容易貼近的姿勢，以保持最密切的接觸。

你想：與自個兒挑選的美女裸裎相對，再加上反覆緊密摩擦，確實容易挑逗男性慾火上升，情不自禁，最後不順便發洩一下都不行。由於泰國浴的洗法如此曖昧，再加上事後很難避免的「發洩」，自然讓人對它產生高度色情的聯想，或者認爲——這根本就是不折不扣的色情。

其實，色情與否，應以該國（或該地）人士的標準來認定。你可從另一個角度思考：在泰國，天氣炎熱，再加上河渠密佈，水源容易取得，洗澡這件事本來就是每天得做，甚至做上好幾回的家常便飯；而泰國浴獨特的摩擦技巧，正是讓洗澡變得更有意思、更有味道的附加娛樂。

你問泰國人，泰國浴是否色情？他可能義正詞嚴地表示：那只是他們生活當中的一部分，是一種舒暢心情、清潔身體的正常休閒。要是你再不死心地追問：洗完澡後的發洩該怎麼說呢？

這時，如果你是男性，他可能會很懷疑地看著你說：「男人做這樣的事有什麼不對，又不是去強暴人家。」

總之，就是如此雲淡風清。

因此，泰國年輕人可能呼朋引伴去洗泰國浴，合法的泰國浴場對他們來說，就是一個快樂的聚會場所，一個可以提供娛樂，以及讓他們乾淨舒爽的地方。

他們提起那裡，就像我們說到ＫＴＶ、保齡球場一樣自然——絕對不會有一絲色情的口吻與眼光。

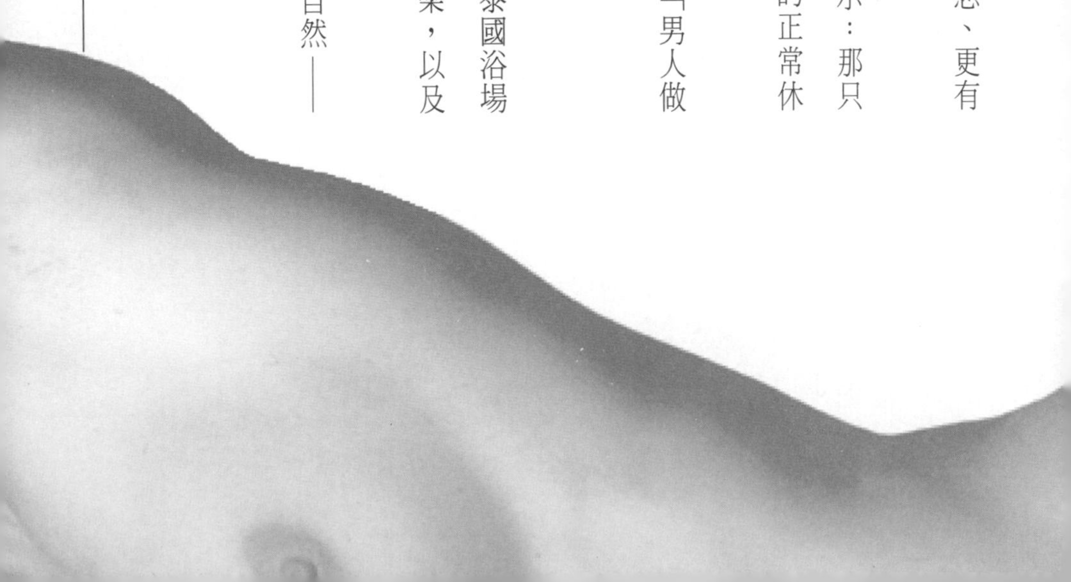

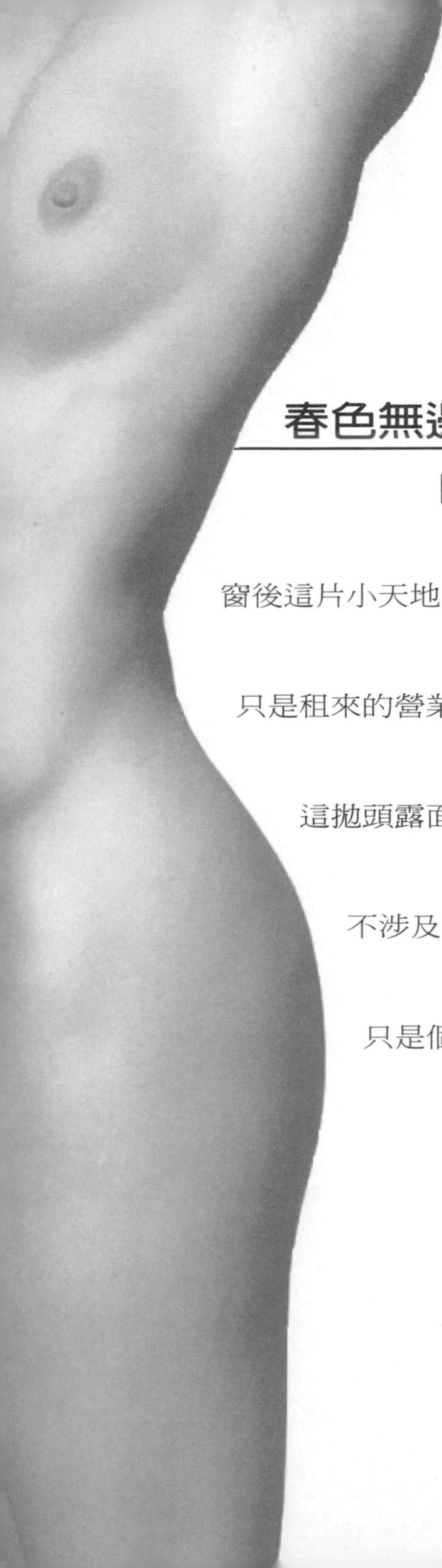

春色無邊「關」不住

阿姆斯特丹的櫥窗女郎

窗後這片小天地

只是租來的營業場所

這拋頭露面的行業

不涉及道德，不牽扯情愛

只是個工作而已

摯友前往阿姆斯特丹。行前信誓旦旦：風景名勝可以不去，木鞋、瓷器可以不買，但是非得見識當地的櫥窗女郎。

關於這檔子事，朋友是說到做到的那種人。我也明白，他所謂的「見識」，不會只用眼睛瞧瞧，僅做櫥窗觀光；絕對是親自上陣，征戰一番。因此待他返國，便即刻邀約吃飯，順便詢問經過。

席間，他多次提起，一再叨念不忘那位與他共創十五分鐘「情緣」的櫥窗女郎——尤其是她的身材。

「天啊，那種完美、震撼的程度，不是歐美A片裡的最佳女主角，就是情色刊物的封面女郎。」他眉飛色舞地說：「眞沒想到紅燈區會有如此正點的尤物，可惜就是不讓我拍照。」

看到這裡，尙未逛過阿姆斯特丹紅燈區的讀者或許訝異：眞有那般教人心動的櫥窗女郎嗎？會不會是男人單槍匹馬獨闖海外，禁慾過久，連審美的標準也下降了？

我肯定告訴你：「有的！」阿姆斯特丹紅燈區絕對擁有一些身

材惹火，臉蛋姣好，氣質一流，美得叫人猜想不透她怎麼會下海幹這檔子事的櫥窗女郎。當她們衣衫單薄，含情脈脈（或姿態撩人）坐在櫥窗裡，的確叫人驚豔不已。

以台灣的情色消費行情，大概不會有人覺得紅燈區女郎價格昂貴。目前，春風一度約需一百荷盾，折算新台幣爲一千六百元。如果殺價成功，七十五荷盾亦可成交，但也不是沒有凱子付到一百五十，甚至兩百荷盾……。

不管所付價格如何，只要對照女郎的素質（當然是按你的意思精挑細選出來的女郎），會認爲「不值得」的台灣客大概很少。

我想，這跟該區女郎眾多，模樣兼容並蓄有關。站在這裡倚窗

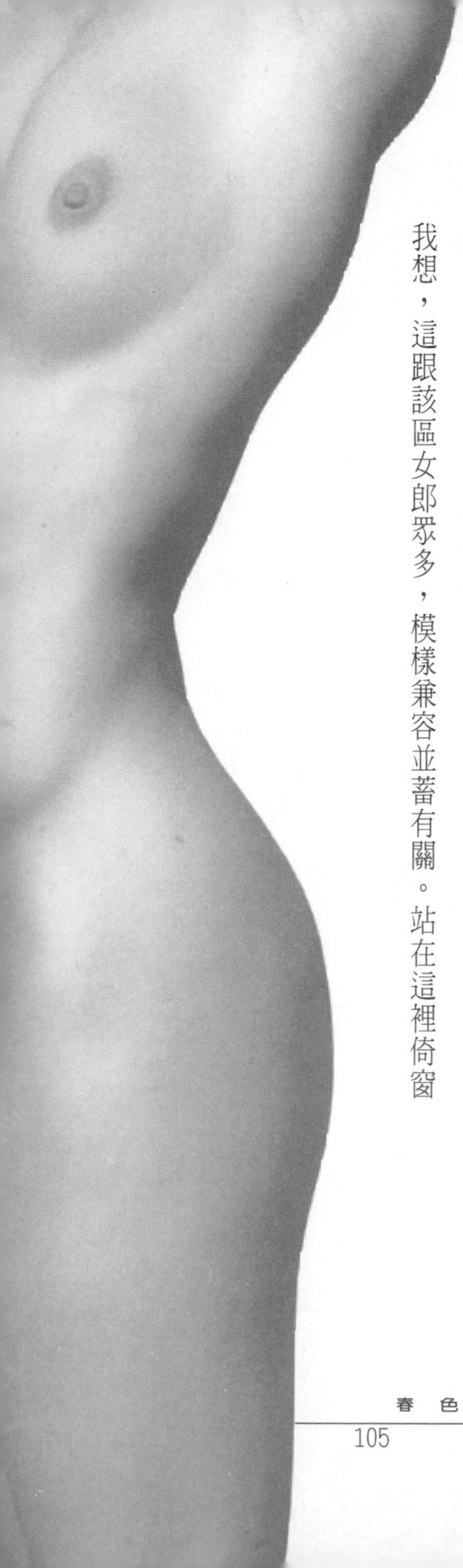

賣笑的女郎，人人各有特色，不管閣下喜歡環肥、燕瘦、高大、矮小，頭髮長或短，年齡老或少，甚至膚色紅、白、黃、黑……，都有可能讓你找到性幻想中的最佳女主角。能與這樣的女人春風一度，一、兩百荷盾又算得了什麼！

根據美國某情色刊物統計：在阿姆斯特丹紅燈區執業的櫥窗女郎，總數在一千位以上。不過，經筆者多次數算，每天在現場開「窗」營業的好像只有兩、三百位。其中，會被寶島男性認定爲美女（至少在身材上）的人，大約有十分之一強。

至於落選的櫥窗女郎，也只是從咱們的角度看起來不美，但是其它種族的男人，例如印度人、阿拉伯人、非洲人，以及一些歐美人士，就未必如是想。

例如：舊教堂附近有一位年逾不惑的婦人，也在扮演櫥窗女郎角色。她的體態臃腫，臉上總是畫著一團濃妝，穿著、姿態也都不甚高雅。乍見之時，我心頭赫然一驚（事實上是有點嚇人），認爲怎

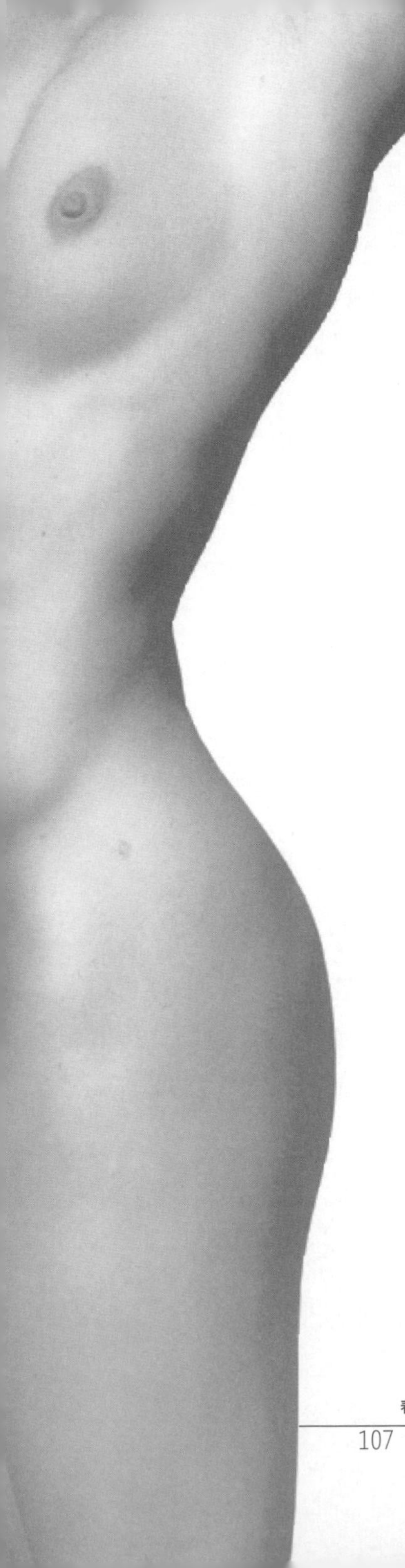

可能有生意上門？

後來看得熟了，意外發現她的「生意」其實不差。那些被我認爲比她美麗性感數倍的櫥窗女郎，營業狀況都不見得比她好。

這種事，只能說各有所好，大家的審美眼光不同。正因爲紅燈區的櫥窗女郎，能夠「多樣化」地滿足男人需求，所以交易向來熱絡。否則，如何能夠長期盤據市中心的精華地域，甚至成爲觀光點，大賺外國人士的鈔票呢！

想當櫥窗女郎，除了場地之外還得有設備。其中，少不得要有一張床，一幅深色簾幕，此外還得設置一個盥洗台，準備一張小桌子和一把凳子。

床的用途不用我多作說明。盥洗台除了提供事前事後的清潔，也可讓女郎們化化妝，整理儀容。簾幕是為了將窗戶遮起（顧客在裡面時當然需要）。桌子可以放置雜物；椅子能讓櫥窗女郎比較輕鬆地坐在窗內等待（站久了就會用上）。同時，客人卸去的衣物，通常也是放在椅子上。以上都算是最基本的配備。

除了這些，女郎們可能準備著收錄音機（電視幾乎沒有，因為工作必須臉望窗外，那有時間看），礦泉水、零食（冰箱也很少），一張報價用的大字報（未必所有客人都能用英文溝通），和其它可以打發時間，增進情趣的用品。

她們工作的地方通常不大。窗後的世界，了不起四、五坪，這些東西一擺，剩下的空間實在有限。也有些櫥窗女郎，招攬客人的場地與最後辦事的地方並不設在同一處。登堂入室後，還得再往裡面走，或者往樓上走。不管你是在窗後的現場，或者更深入，所見到的燈光，全部都是很性感的紅、紫色系（這也是紅燈區之名的由

來）。這樣蠱惑的燈光，實在撩撥人心，如果當時，在窗內所見到的是一位穿著螢光內衣的櫥窗女郎，更是叫男人氣血上湧，難以自制了……。

欣賞櫥窗女郎風采，不一定得等到晚上。她們有的從上午九點開窗見客，一直工作到晚餐時刻（晚餐後是否繼續營業，可能要看當日狀況）；有的是下午六、七點開始，一直做到半夜兩點。前者，可稱「早班」，後者，則是「晚班」。還有些櫥窗女郎，會在近中午開張，然後一直工作到晚上十點左右。要說她們是「早午晚班」好像都對，爲了方便區分，勉強稱之爲「午班」。

不過，時間上的區隔，並非如此絕對。平日和假日也未必一樣。週末和週四的「黃金」夜晚，整體的營業時間通常比較長。就算是在既定的營業時段裡，也有些櫥窗女郎會很隨興地打烊休息，實在無從判定她上的到底是那一個班次？

不管是早午晚班，其中倒有幾項絕對不變的定律。第一，上早班的櫥窗女郎人數很少，大概不會超過四十位，而且多數集中在紅燈區的舊教堂一帶。第二，午班的人，散佈紅燈區各地，雖然不是那麼容易統計人數，但應該不會比早班的人多。第三，百分之八十以上的櫥窗女郎，都愛上晚班。這也是紅燈區生意最鼎盛的時段。

櫥窗女郎關窗熄燈的時間，大約是在午夜兩點。那時，紅燈區的性商店關了，脫衣舞秀場關了，大約有一半的酒吧也關了。櫥窗女郎也在此時結束營業，準備回家休息。

絕大多數女郎都不住在這裡，窗後這片小天地，只是租來的營業場所；這拋頭露面的行業，也只是個工作。不涉及道德，不牽扯情愛，只是提供肉體讓別人宣洩、滿足的營生行當罷了。

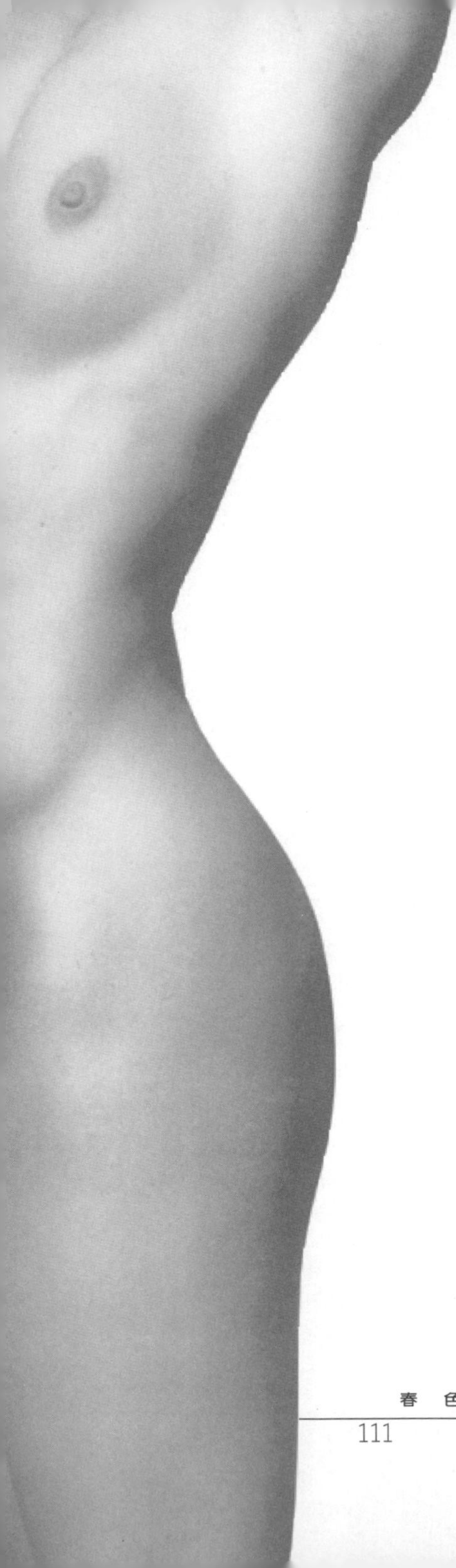

所以，即使你的英文程度好得不得了，好奇心（或者說是關心）也很強，當你有機會直接面對「她這麼美麗高尚，怎會幹這一行」的櫥窗女郎時，請千萬別提起你的疑惑。這樣的問題，對她們而言絲毫沒有意義，就像某位櫥窗女郎告訴我的：「反正都已經站在櫥窗裏後，答案還重要嗎？」

聽說，多數的櫥窗女郎可能笑一笑，什麼都不說；也可能告訴你：等賺夠了錢，就要去法國、德國遊玩、唸書，以後或許住在那裡，也或許找個人嫁了。眞眞假假，誰知道呢？

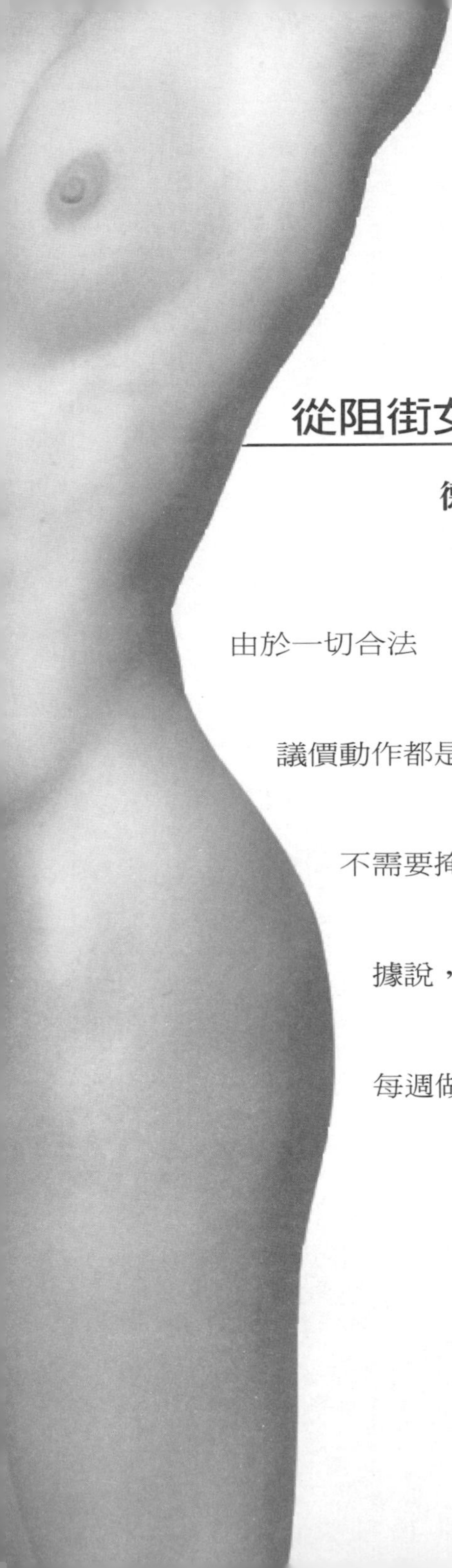

從阻街女郎到電話吧女

德國漢堡的花街

由於一切合法

議價動作都是大大方方進行

不需要掩人耳目

據說，漢堡市政府還會對她們

每週做一次身體檢查

要談歐洲情色重鎮，除了大名鼎鼎的「阿姆斯特丹」，另一不能錯過的城市便是德國「漢堡」。這兩地其實有許多類似之處，例如：都是很有歷史分量的大城市，都是重要港口，也都以「櫥窗女郎」名噪一時……。

只是在情色版圖上，阿姆斯特丹紅燈區受限於縱橫交錯的運河，分佈稍嫌零散，不若漢堡紅燈區（靠近港邊的聖波里區）給人的感覺那樣完整、密集，非但營業項目多元，而且規模龐大。

還沒正式走進漢堡紅燈區的中心地帶，就可以讓人充分感覺這處情色地帶的所膨脹出的無限張力。充當「外衛」，守候在最外圍的是俗稱「野雞」的阻街女郎。她們的膚色，雖然黑白紅黃盡皆有之，但還是以白種人——尤其是來自東歐的白種佳麗爲主。

或許是德北的漢堡天氣較冷，因此穿著很少、很是暴露的阻街女郎倒是不多，不過即使穿著一身俗豔的晚禮服（類近於登台表演的那種，不像赴宴的裝扮），或是很酷的皮衣皮褲，依舊裹不住那婀娜多姿的體態，與煙視媚行的動作表情。

走在聖波里的街上，你可以很容易辨識出誰是外地來的觀光女客，而誰又是執業的女郎。如果多瞧她們兩眼，就會有人上前寒暄，而且靠過來的女郎還通常不止一位。遇上東方人，一般會用英語（不過可能先聽到日文的問候）；如果是西方客，多半先用德語再用英文。雙方所談，當然只限於很粗淺的會話層次。

我趨身近前傾聽，最常聽見的英文單字是「ＮＯ」，最常出現的動作是搖頭，那代表正在反覆磋商議價；一旦聽到確定的「ＯＫ」聲或點頭，就是交易已經成功。

由於這一切全部合法，以上動作都是在路口街邊大大方方進

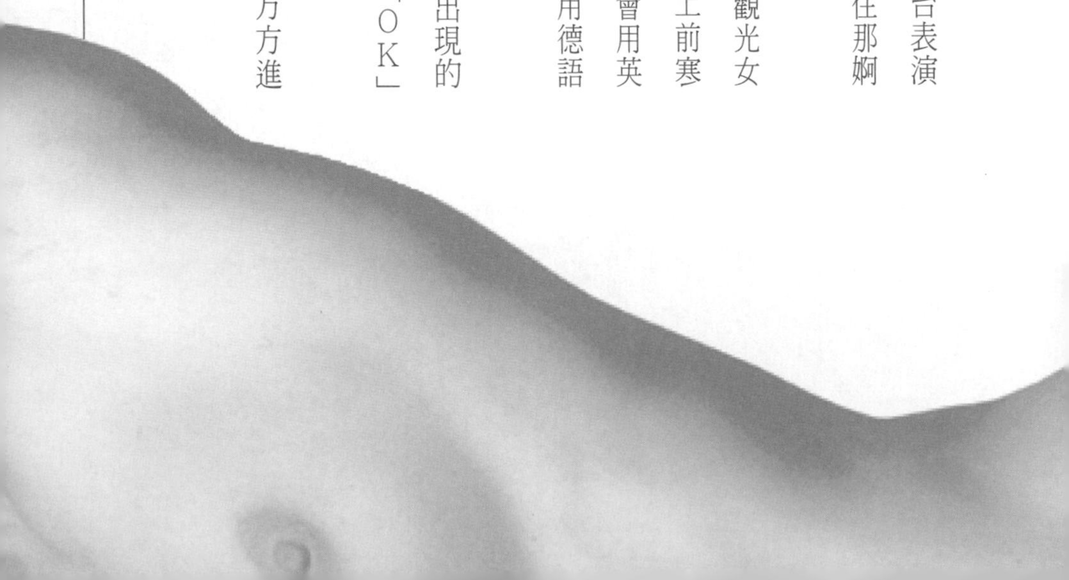

行，一點也不需要掩人耳目。據說，漢堡市政府還會對這些女郎的身體狀況，施行每週一次的定期檢查，以確保「安全」。

「不過，漢堡男人通常不會來找阻街女郎滿足需要。」帶我至此見識的德籍當地導遊說：「有興趣的多半是水手，外國觀光客、或來自其它地方的德國人。」

「那你們會去那些地方呢？」

「再逛一段路，待會兒你就知道了。」

有件事特別值得一提。由於當時天色已黑，我又沒帶相機（逛世界任何一地的紅燈區最好都別帶這玩意兒），因此刻意在隔日下午重返當地，想見機行事拍點照片，沒想到逛來逛去，整條街上竟見不到半點蜘絲馬跡。

後來才得知，當局對阻街女郎的營業時間訂有嚴格規範，那是從晚上八點到隔日凌晨六點，不管提前、延後，或在規定之外的區域攬客，都會受到嚴厲處分。

德國人守法觀念舉世聞名，可是連情色行當都做得如此一板一眼，還眞是不簡單！

越過阻街女郎所排列的陣仗，就來到聖波里中心地帶的櫥窗女郎區。除了位置比較集中，聲勢比較浩大外，這裡的櫥窗佈置和阿姆斯特丹頗爲類似，執業女郎看起來也沒什麼不同。

不過，漢堡的櫥窗女郎攬客態度似乎顯得比較散漫，例如，有些女郎竟然大刺刺地翹起二郎腿坐著，甚至自己舉杯喝起酒來，對窗外走來走去的遊客，好像有點視而不見。

導遊卻對我解釋：「那是因爲純參觀的人太多，以她們的經驗，一眼就可認出誰是眞正的尋芳客，誰有希望成交，櫥窗女郎對

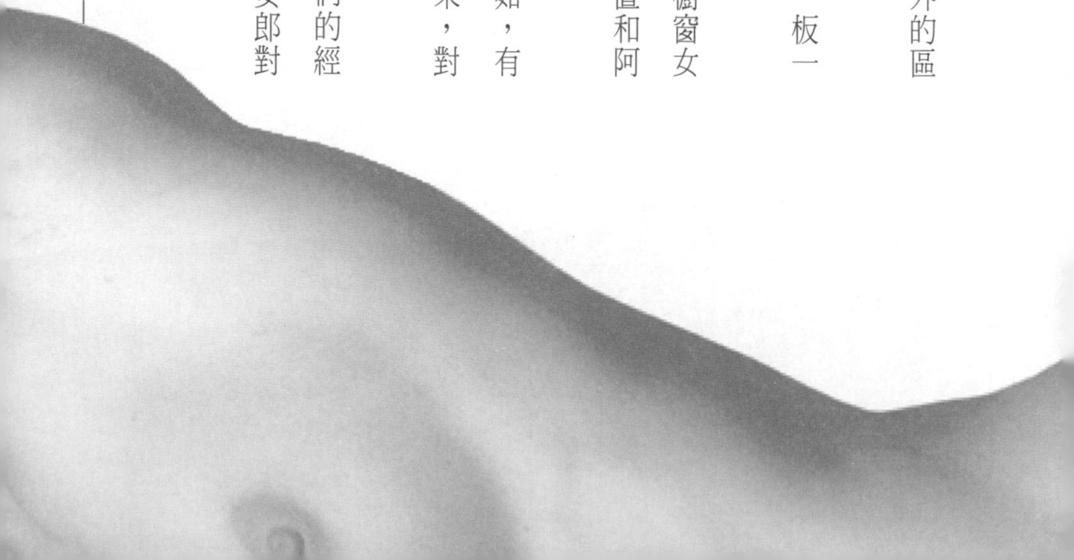

待他們的態度可就熱絡多了。」

說著，說著，我們已經走上一條不算寬大的街道，街路兩旁，一家接一家地開著放映A片的戲院，色情秀表演場，販賣性道具、限制級書刊、錄影帶的商店，以及燈光昏暗酒吧和舞廳……。即使不懂德文，也可從櫥窗所陳列那些充滿誘惑力的美女海報，以及圖案化的霓虹燈，猜出大致營業內容。

或許是類似的店家太多，爲了凸顯自己，免不了在招牌上爭奇鬥豔。它們的招牌或廣告，除了以最大的可能面積貼在房屋正面，還喜歡向外突出發展，向街面延伸，讓街道上的一小塊夜空，變得既明亮又精彩。

在形形色色的花樣中，不需要深入接觸的表演秀，似乎最受觀光客青睞。雖然演出內容，不外乎男女眞刀實槍的性愛動作，但德國人處理這等場面，一樣脫離不了日耳曼民族一絲不苟的性格。每個節目進行前，會有一位穿西裝的男子出來報幕，就連擔綱表演的男女，對話也比世界上其它情色表演場合多。

由於說的都是德文，我只好請導遊做重點翻譯，聽聽他們究竟能扯些什麼？

「穿西裝的人，主要是在介紹演員與故事情節，表演者所講的多半是黃色笑話。」他回答：「每一幕的情況都差不多。」

「爲什麼不用英文呢？」我覺得自己的質疑合情入理。場內雖然坐了七成滿，但只有零零星星的笑聲傳出，多數人臉上都是一副莫名其妙的表情，想必德國人實在不多。

「我想，用那種語文，不是觀眾進來看秀的主因吧。」我的德國導遊，即使在聲色場合也不會失去說話的邏輯感。「況且，那些

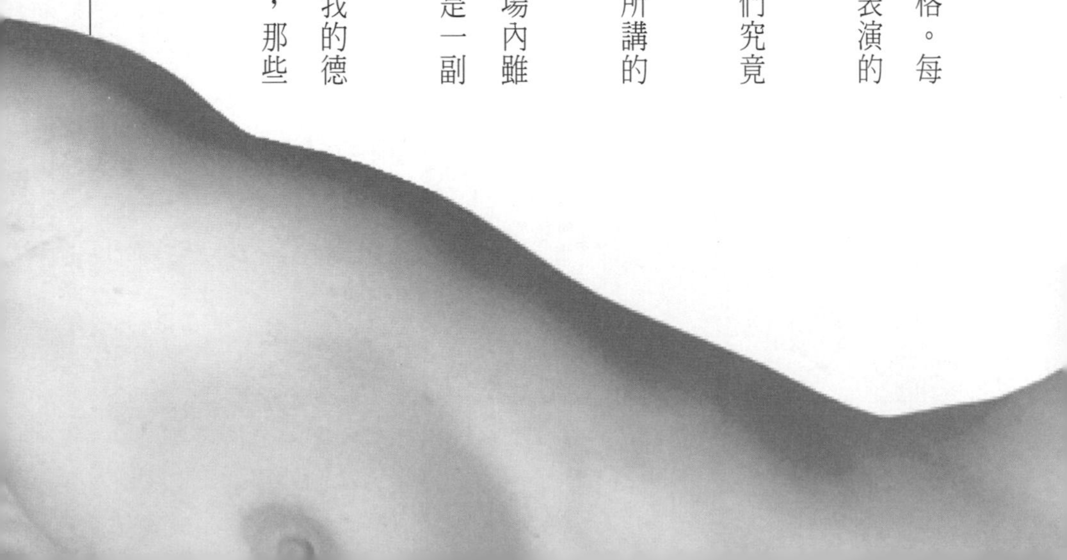

黃色笑話一旦翻譯成英文，也變得不好笑了。」

離開情色秀表演場，導遊帶我到附近的一家「餐廳」。應該說，我原本以爲是餐廳，沒想到裡面既有舞池與吧檯，也有小型樂隊做現場演奏，說它是舞廳與酒吧的混合體，恐怕較爲恰當。

店內的佈置很尋常，比較讓人注目的是：每個桌面上，都有一具電話，而靠舞池的幾張檯面，則聚集著不少年輕貌美的女郎，其中有幾位的目光正望向我們這裡。

「這就是漢堡的男人會來的地方嗎？」

導遊才說了聲是，桌上電話便已響起。我猜得沒錯，正是那桌女郎打來的。只聽到他們用德語交談幾句，導遊便翩然起身，擁著方才還在打電話，但現在已經走到我們桌邊的女郎進入舞池。我看見他們在跳舞時表現得頗爲親熱，一曲結束，導遊還請對方喝了杯酒，不過是由侍者送到她的桌面上。

「與我跳舞的女子，就是在這裡工作的吧女。你可以邀請她們過來坐坐，請她們喝酒、聊天或跳舞，只要用桌上的電話聯繫就好。這些女郎多半會說英語。」導遊說：「如果有進一步需要，也可跟她們商量，只要價格談妥就可以了。」

話才說完，我們桌上的電話再次響起。我想：這位相貌堂堂，風度翩翩的中年導遊在此絕對很受歡迎。但這回他可沒和撥電話的女郎有進一步的接觸，只是請侍者送杯酒到對方桌上，雙方隔空互敬一下而已。方才在酒單上，我已經注意到店裡所賣的酒要比市面上貴了許多，不過跟台北的聲色場合相比，價格還算合理。

我請導遊幫我打電話找一位英語程度較佳的女郎過來聊天，訪談過程當中，她一共讓我們請了三杯酒，也和導遊跳了兩回舞。大

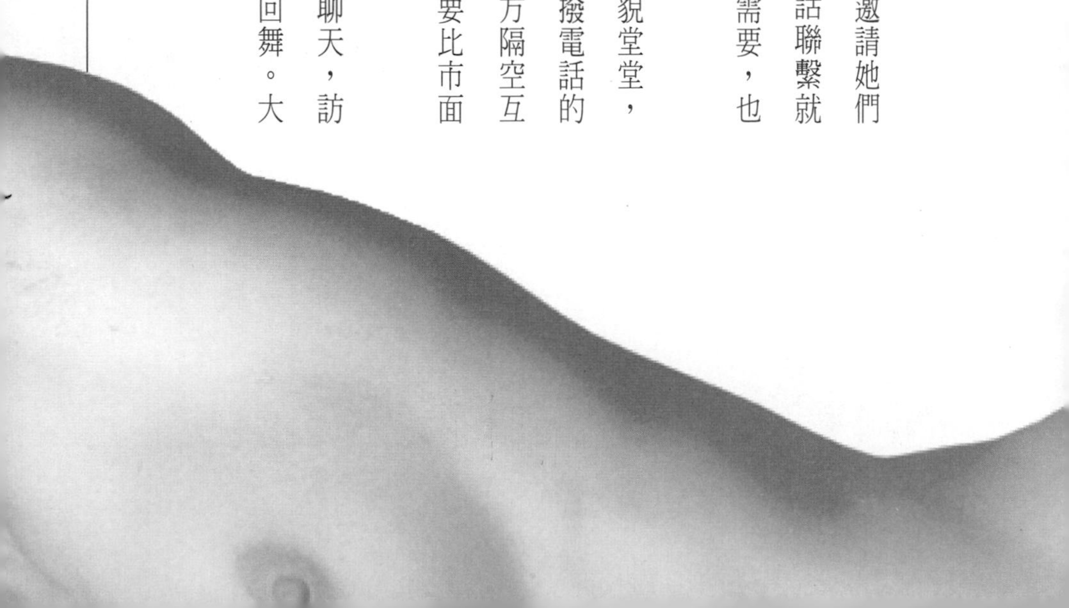

約半個小時，我覺得資料已經搜集得差不多，便用眼角跟導遊暗示可以離開了。沒想到，整晚一直很忠實地陪著我的導遊，此時卻打算放我鴿子：「可不可以——讓我幫你叫車，由你自己回旅館呢。」

臨行前，他好像有點抱歉似的對我說：「我只有今天晚上會陪你來這裡，如果是你自己一個人，最好少來這種地方，否則即使只是很單純的喝酒，帳單都可能嚇死你！」

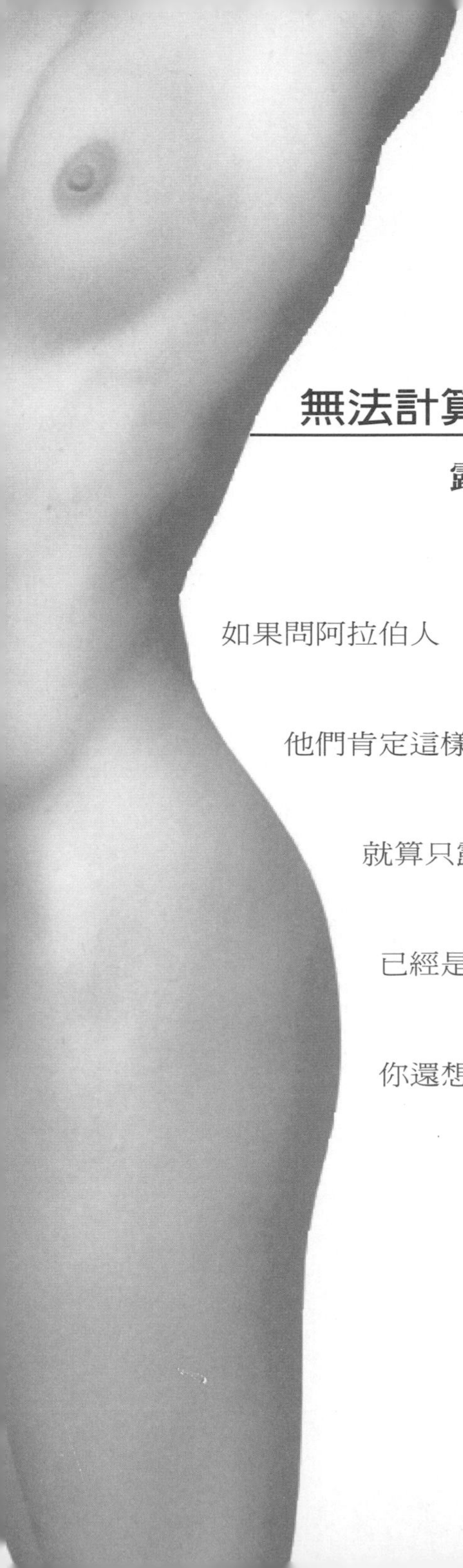

無法計算的答案

露幾點，才叫色情？

如果問阿拉伯人

他們肯定這樣告訴你

就算只露一點

已經是很不得了的色情暗示

你還想露幾點？

露幾點，才叫色情？這問題眞是有趣！

不同的國家、地區，不同的風俗、文化，甚至各種不同性情、教養與層級的人，對露幾點與色情的關聯性，都可能各有見解。判定基準，未必只涉及「尺度」而已。

思索這問題時，我突然想起數年前在英國旅行，導遊帶我去他家參觀的往事。這位英國佬家住倫敦市郊，該地房屋的共同特色是：既有開放式的前庭，也有比較隱秘的後院。從屋前觀望，雖然見不著後院風光；不過想從這家後院望進別人家的院子，可謂輕而易舉。因爲隔開家家戶戶後院的設施，只是矮樹叢和簡單的圍籬而已。

我們從客廳一路參觀下來，正要跨進後院時，已屆中年的英國導遊，突然講了一句與裝潢截然無關的話。他說：「在我們這裡，女人脫光衣服在自家後院曬太陽，不算色情。」

我還沒完全弄懂他突然這樣說的用意，就已經看見隔鄰有位女

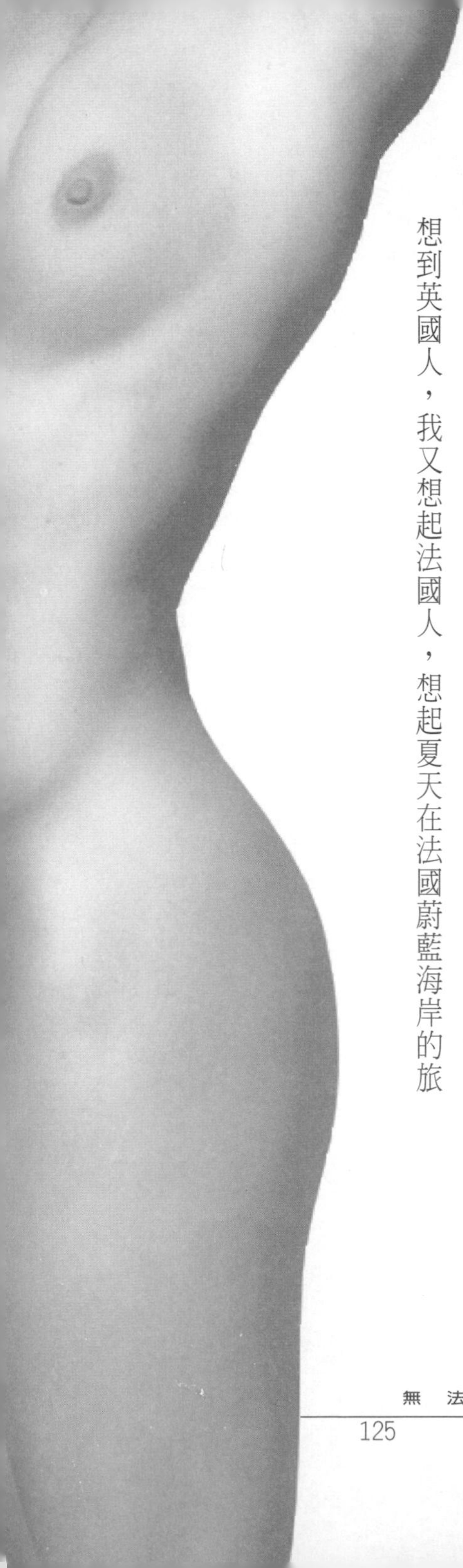

子正袒露著身體做日光浴。等到踏進後院，還看到別人家裡，有更多一絲不掛的人，其中男女老少皆有，彷如一家成員到齊。

這種三點全露的日光浴畫面色情嗎？我個人不覺得！因爲映入眼裡的是：很不容易出現的英國陽光，很是綠意盎然的後院草坪，與很是悠閒享受的一群男女，跟這些人到底露幾點毫無關係。

我對導遊說：「放心，我不會將這裡看成倫敦的蘇活區（註：這是倫敦集各種聲色之大成的特別區域）。」

「那很好，」導遊說：「我就是怕你們中國人會對裸體產生色情的聯想與誤解，才把話先說在前面……」

想到英國人，我又想起法國人，想起夏天在法國蔚藍海岸的旅行經歷。這一帶的海灘，不乏露出兩點，甚至三點全露的戲水弄潮者。大多數年輕女子（其中不完全是法國人），都是一到沙灘便卸下身上衣物，也有些連三點式的泳裝都脫了，儘管脫的程度不一，可是每一個人都表現得自然坦蕩。

此時，有幾位法國警察過來巡邏。結果：露兩點的人沒事；而露出第三點者，不分男女都被勸告改善。那些應對態度不佳，或遲遲不肯穿的人，有人接到罰單，也有人被強制驅離海灘。

爲什麼會這樣呢？陪我同往的法國友人，告訴我這是不准暴露下體的海灘，違反規定者，警察當然得處理。

「是不是你們覺得在公眾場合暴露下體，容易挑逗別人的色情慾望，所以下令禁止？」

「你想到那裡去了，這跟色情有什麼關係。」他笑著說：「不是每一個人，都樂意見到別人三點全露；也不是三點全露，就有挑逗色情的效果。警察只是要保障其它泳客的視覺權利。眞想光著身

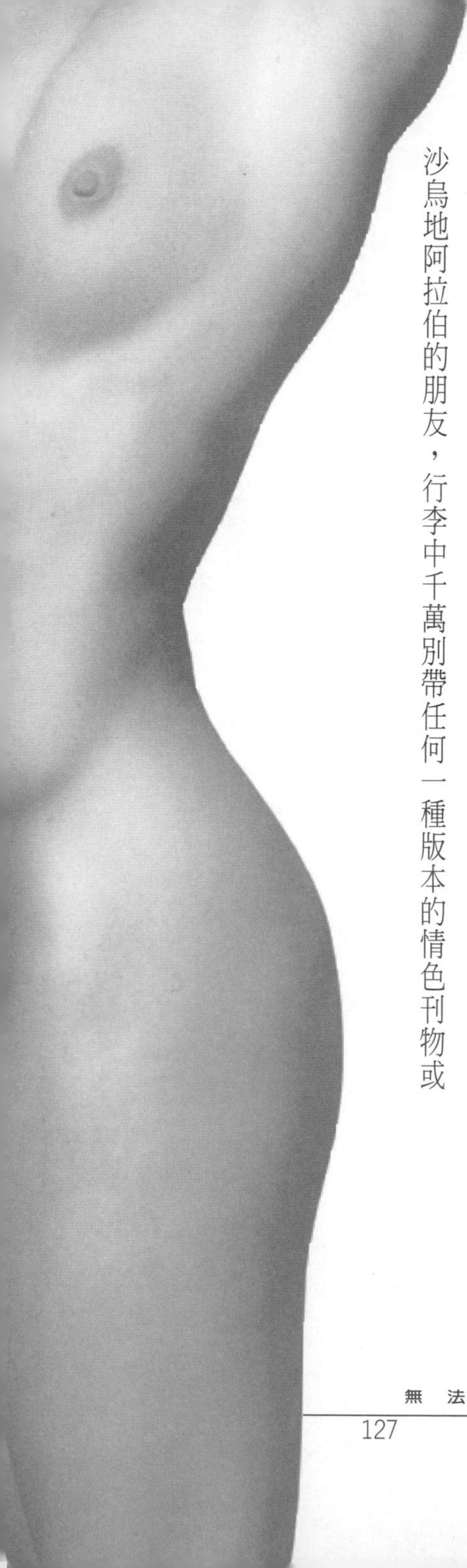

子，就應該去天體營。」

在我的交往經驗裡，若問歐美諸國年輕人「露幾點算色情」？他們多數覺得這問題太草率，命題不夠完整。還有腦筋一板一眼的德國人反問我：「如果你不清楚說明對象，說明到底是怎麼露，以及現場情況，我怎麼有辦法判斷呢？」

不過，信奉回教的阿拉伯人可不同了。關於女人三點，他們肯定認爲：就算只露一點（或是那一點之外的附近區域），都是不得了，了不得的性暗示，你還想露幾點呢？

我知道阿拉伯人對此視之爲洪水猛獸，所以特別交代一同前往沙烏地阿拉伯的朋友，行李中千萬別帶任何一種版本的情色刊物或暴露照片，否則通關時會給自己找麻煩。

朋友謹記在心，但是卻在下機時，順手帶走機上刊物。那本書裡，又偏偏印著一頁模特兒穿著泳裝的商品廣告。內容雖然三點都不露，所穿又是連身的保守泳裝。依舊過不了關，不可以就是不可以！

因此，露幾點才叫色情，對阿拉伯人而言非常容易回答。他們或許還會補充說明：即使女子衣著整齊（若穿短褲、短裙、無袖上衣，就不算整齊），但姿態淫蕩，也算是一種色情。

何謂姿態「淫蕩」呢？如果你知道連「迪斯可」的舞姿也算，就知道他們的把關尺度如何嚴謹。

世界上，對於三點該不該露，該怎麼露，怎樣可以，怎樣又絕對不行的判定標準，最具考量彈性的應該算是日本人。

很多人以爲：日本雜誌上的裸女照片就是上面的兩點可以露，下面一點萬萬不可以。其實，這向來很有彈性，完全依對象和內容

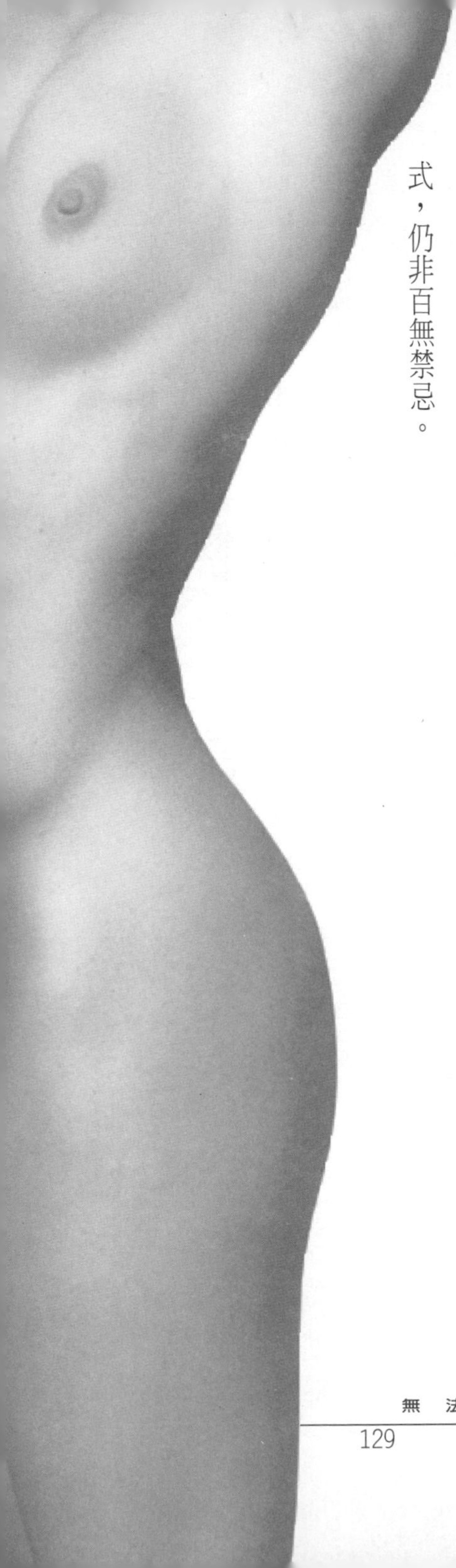

而定。如果攝影者是名氣極大的寫眞家（例如：因拍宮澤理惠而大大出名的篠山紀信，或外國的攝影名家），只要不是沒理由的袒露，露出第三點並無不可。因爲他們認爲這是藝術，藝術創作沒必要接受只能露出「幾點」的限制。

不過，日本人對那些以情色爲主流的刊物（上述攝影家的作品通常不會出現在這裡），審察便相當嚴格。女人的第三點，在任何情況下均不得露出，就算只有局部，只見到一點點恥毛也不可以。

日本是從九二年起，才因應日益開放的國俗民情，讓刊登在雜誌上的照片得以露出第三點（但還是僅限於女人）。至於袒露的方式，仍非百無禁忌。

例如：露出「恥毛」可以，暴露陰部的「內在結構」還是不行。因此，你固然可在雜誌看見露出第三點的美女，甚至淋漓盡致地演出各種挑逗的姿態與神情，但她們的雙腳甚少打開，即使露毛，也是顯露局部，而非整體。

萬一爲了配合劇情需要、視覺效果，女主角確有打開雙腳的必要，就一定得利用現場器物或身體的姿態去遮掩。其中，最常使用的手法是將女體浸泡在水裡，不管是海水、泳池、浴缸、溫泉，都能讓暴露點顯得隱隱約約，而不是纖毫畢現。

「這樣不是讓讀者更有想像空間嗎？」日本某著名情色刊物的編輯告訴我：「市調也顯示，暴露得太徹底，或許可滿足少數人，但長此以往，恐怕流失更多讀者。」

然後，我跟他提起當年日本的雜誌照片露出第三點時，需要加料刷白（或塗黑）的時代。我問這位編輯：「過去規定第三點不能露，是不是因爲那樣給人的感覺很色情？」

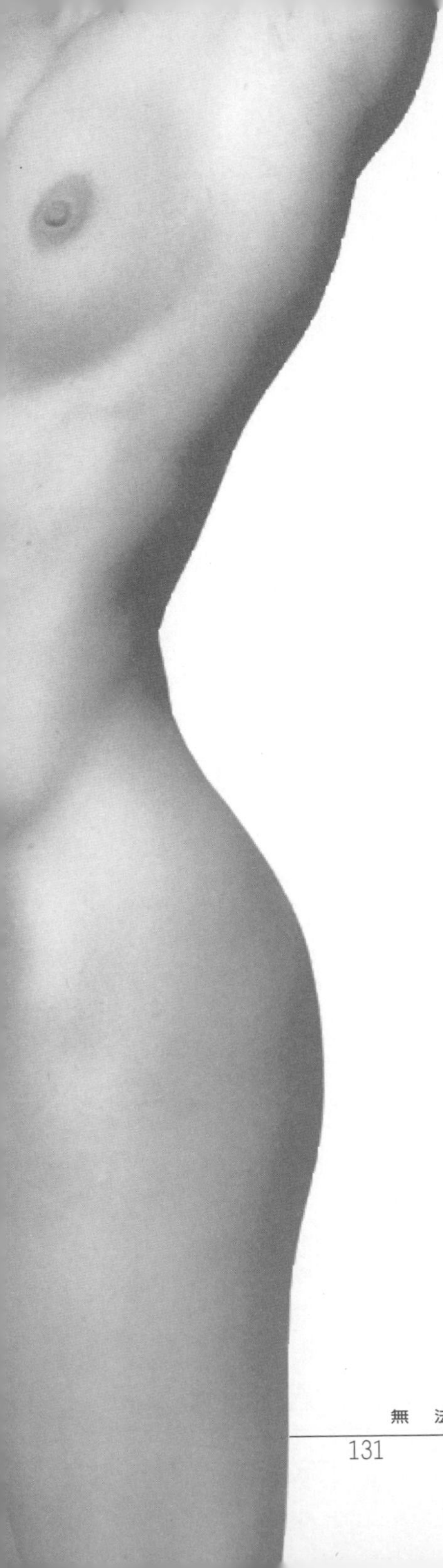

「只是規定，所以遵守吧。」他說：「我們做的是情色刊物，煽情是理所當然。可是，沒有一位攝影師，會認爲拍照時一定得露出那幾點才能擁有煽情效果；優秀的攝影師配上好的模特兒，即使只拍臉部特寫，身上一點都不露，照樣能展現挑逗的感覺與味道。」

逛繞過大半個地球，現在你可否更進一步地理解「露幾點才算色情」呢？雖然，各地或許有各自不同的判斷標準，但是對任何一個自承開明的國家而言，如果僅以露出的「點數」多寡來判定，未免荒謬、專斷、可笑。

本土情色現場

Part 2

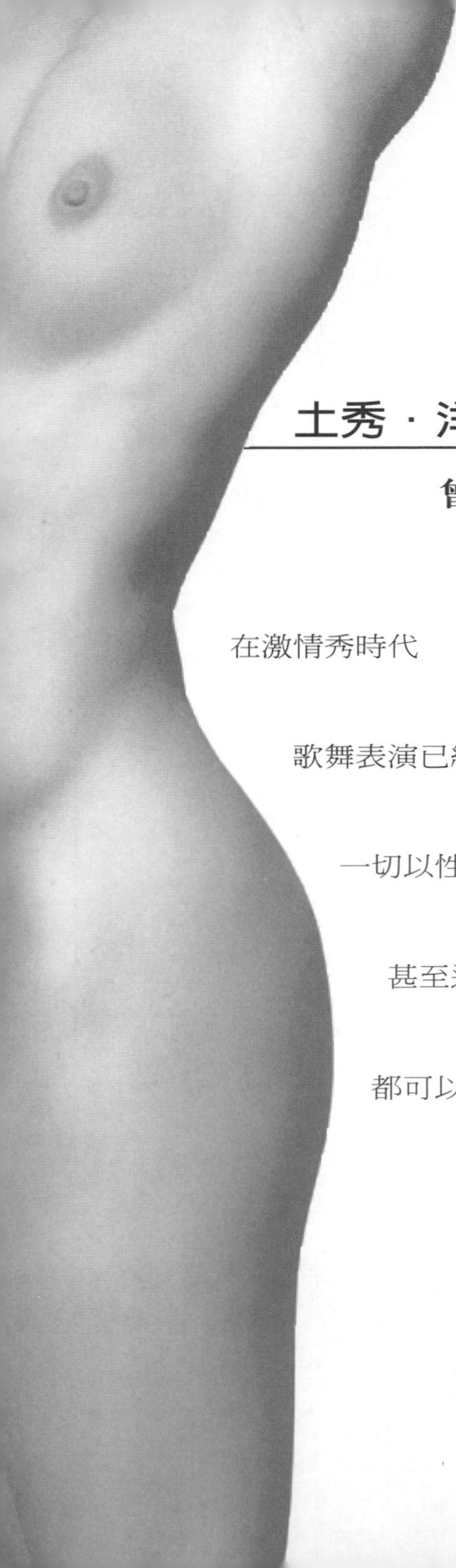

土秀·洋秀·激情秀

曾經風光的牛肉場

在激情秀時代

歌舞表演已經無足輕重

一切以性挑逗為主

甚至連很暴力的泥漿摔角

都可以搬上台面

脫衣舞表演，在許多已經開發到一定程度的國家盡皆有之，可是到了台灣，卻被冠上很特別的代名詞，那就是「牛肉場」。

爲什麼這樣稱呼呢？這辭彙的由來，還有一番曲折。

據說，早先根本沒有「牛肉」這兩個字，它的正解，應該是台語發音的「有肉」，意指表演時，將貨眞價實地展現出舞孃「有肉」的重點部位，絕非以衣服遮蓋，混水摸魚。

只是「有肉、有肉」唸久了，慢慢地被混淆成與台語諧音近似的「牛肉」。當牛肉場這名詞正式由媒體寫出，並且被許多人以國語唸出時，就已經和「有肉」的原義漸行漸遠，多數人都只曉得國台語皆可通用的牛肉場，反而忘掉「有肉」的台語典故。

不過，也有人認爲其實不是這樣。反正名詞的來源只是枝節問題，還是談談「有肉有料」的主戲吧。

台灣的牛肉場，係由歌舞團演化而來。六〇年代的台灣歌舞團，與情色扯不上關係。如果眞要說有，也是觀眾自己想歪。因爲，歌者、舞者登台表演，所穿的當然是舞台裝，而舞台裝多少要比正常衣服來得暴露一點。以當時很是純樸的社會風氣來說，能夠在大庭廣眾下看見低胸、露出大腿的服裝，就算是飽了眼福，足以讓台下一干男性目不斜視，甚至臉紅氣喘不已。

歌舞團一多，彼此間的競爭自然激烈。只是在這場競賽中，發展途徑並非朝向歌舞質量的精進，而是女體「暴露」的多寡。某位曾在中南部頗有行情的團主，就在採訪中對筆者提起：「多露一點，確實要比練歌、編舞容易，同時也更具賣點。」

於是，競相比脫、爭相暴露的秀場演出於焉展開。這期間，有不願意脫的人退出，但卻有更多的新人、包括新成立的團體加入。

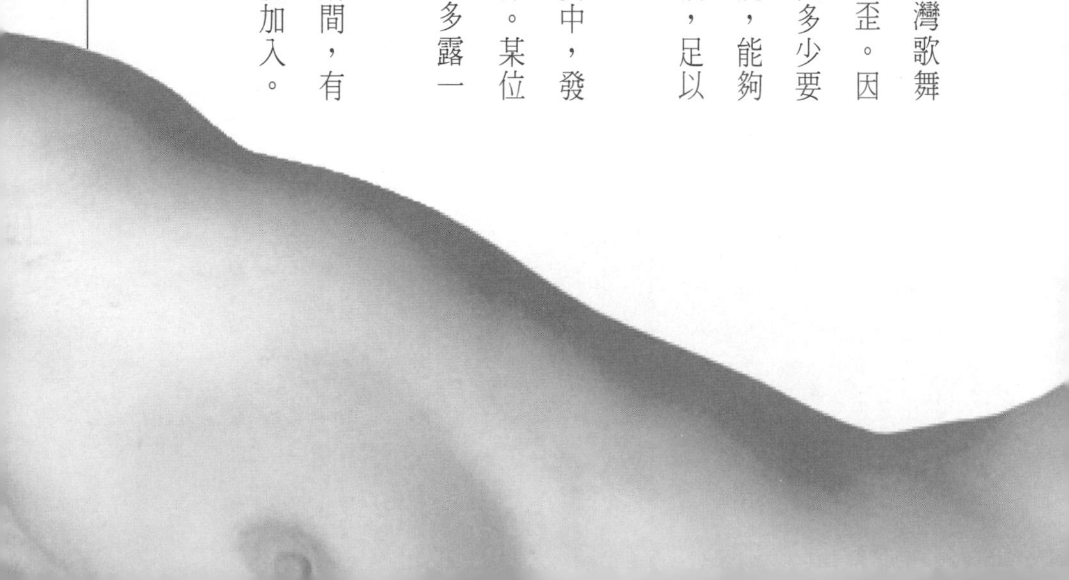

反正，演出內容十分簡單，也不要求什麼歌舞才藝，只要身材、臉蛋尚可，敢脫敢秀就行了。

第一代牛肉場所演的秀，一般稱之爲「土秀」，這是因爲表演者清一色由本地女子擔綱。報幕時，主持人會強調這些女子是純正的「土雞仔」，如果年紀尚輕，還會被冠上「幼齒」之名。當時，一個歌舞團幼齒的多寡，以及作風是否大膽，都是號召觀眾的主要賣點。

土秀演出的長度，通常爲一個半小時，其間大約有八至十名左右的女子上台。表演內容，百分之八十爲獨舞的SOLO。按例是播放三條歌（或三段音樂），或快或慢不一定。第一條歌時，舞者身穿稍暴露的晚禮服，到了第二條歌，則脫成三點式的小禮服。

最後的重頭戲是在第三條歌。這時舞者可能邊跳邊脫，最後脫成三點全露那一剎，就是歌曲結束準備下台的時候。

但這只是正常順序，當然也有人會在第三條歌一開始時，便已全部脫光，只用薄紗或羽毛遮蓋身體。然後，在接續的表演裡隨其舞姿撩起輕紗，一會兒將重點部位露向舞台左方，一會兒又露向右方，讓滿場觀眾的頭顱隨其轉動不已。

舞者實在長得不怎樣，舞姿更是濫竽充數的土秀，發展到某個程度便遇上瓶頸，很難再吸引舊雨新知。這時，部分聰明的業者馬上懂得爲它加入強心劑——那就是聘請身材一流，舞姿一級棒，作風也更爲大膽的外國妞登場。這就是所謂的「洋秀」。

從土秀進步到洋秀，牛肉場的演出也邁向另一個新紀元。觀眾可能首先意識到：演出的場地變好了——以往的土秀，大都是在某些放映電影的戲院順便演出，燈光、舞台效果均有待商榷，而現在

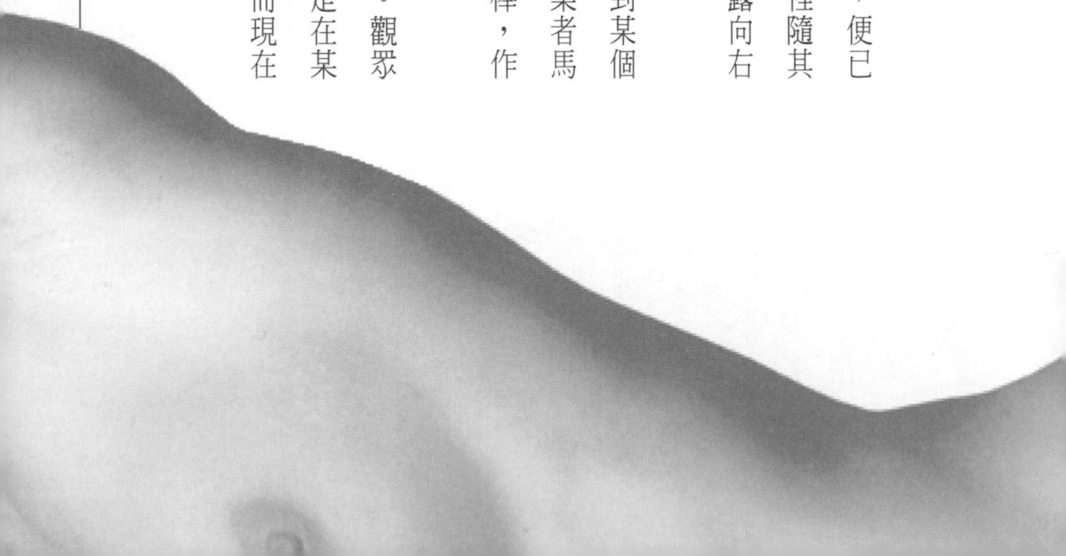

已經有設備實在不差的專屬「劇院」了。

再者，演出的戲碼也有了革命性的改變。除了以洋妞擔綱的獨舞外（通常為熱舞），還有男女雙人搭檔，將性愛動作化為舞藝的激情或柔情演出。此外，串場時也加入頗有看頭的魔術秀、笑話秀，總之節目水準確實比土秀強上許多，但票價也相對變貴。

八〇年代在正統劇院的洋秀票價，約為土秀的一點五至兩倍，更是當時首輪戲院成人票價的三到四倍。儘管如此，捧場者依舊不絕於途，熱門秀的票也真的是不好買。

至今，筆者仍清楚記得一九八〇年，前往台北近郊的「南勢角」劇院觀賞洋秀時所遇上的盛況。以往看土秀，票是隨到隨買，隨時可入場。我們到達南勢角劇院的時間約為下午兩點，沒想到整個下午的票券（包括晚上七點那場）早被預買一空，如果當天非看不可，只能買到九點的場次。

這至少意味著牛肉場的兩大進步，第一，已有預售票的制度，第二，已經有「清場」的場次觀念。不過這是龍頭劇院的做法，換成中南部的小戲院，就沒有這等行情。

劇院的強勢作爲，更激發我們非看不可的決心。一干人就這樣拗到晚上九點入場，結果也看到一場不同凡響的演出，其中幾幕洋妞的表演，堪稱台灣牛肉場史上的絕唱（至少在我的見識裡是如此）。例如：某位巴西籍的女舞者，竟然可在男伴的帶領下，在舞台上墊起腳尖，連續旋轉十八圈。想必具有深厚的芭蕾舞基礎。

另有一位我已經忘記正確國籍的歐洲女舞者，又以嫻熟的默劇動作，演出配合音樂的獨舞。過程中，最令我難忘的是她像木偶（或機械人）般地走到台前，睜大眼睛瞧著那些擠在前面的觀眾，好

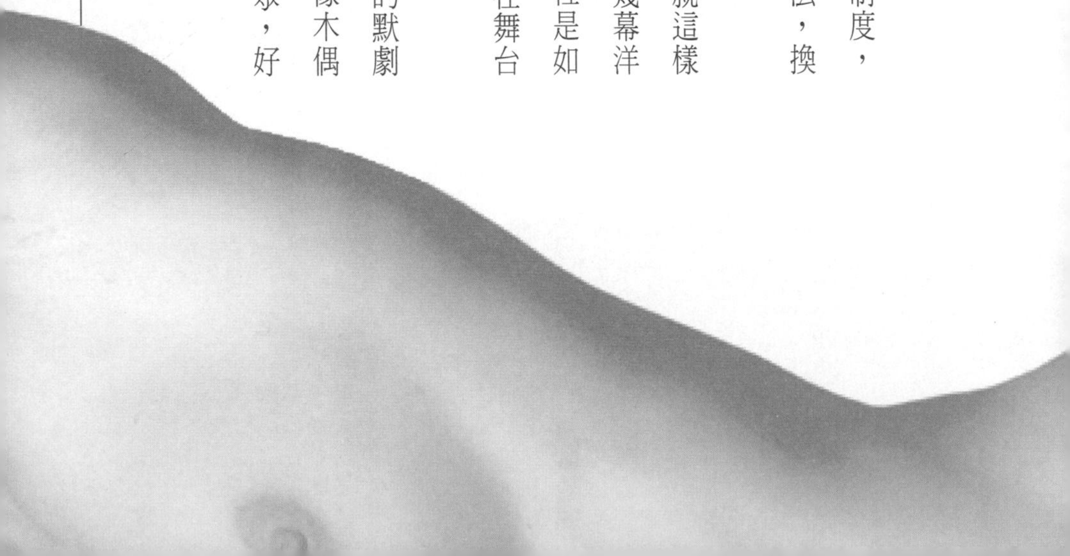

像對他們爲何放棄好端端的座位不坐充滿好奇（這也是台灣牛肉場的特殊現象之一）；也爲這些男人，爲何目不轉睛地凝視她身上某些暴露部位，完全不管她表演的肢體動作感到不解。

看了看，她又很機械化地抬起頭，並輕輕搖著頭，露出很像馬歇馬叟（註：這是法國的默劇大師）那種寬容的，好像可以理解與接受式的淺笑——唉，一切盡在不言中啊！

事後，筆者曾因採訪之便，接觸到這位讓我印象非常深刻的默劇表演者，訪談過程中，她充分反應自己所見到的疑惑：「我實在搞不懂你們台灣觀眾，只是脫光衣服站在台上，有什麼好看？爲何我總覺得大家所看的都是我露出的部位，而不是我在表演什麼？」

而我除了回答她「應該是都有注意到吧」之外，也很難再做其它解釋了……。

在此，讀者不要誤以爲所有的洋秀皆如此高級，在其它不入流的戲院裡，依舊有著除了敢露、敢秀之外，其它一無可取的外國表演者混跡其間，而且隨著國內對洋秀需求的日益殷切，演出品質也日益差勁，欲振乏力。

漸漸地，觀眾對洋秀也看膩了，業者窮則變，變則通，又改變戲碼重新號召觀眾，此一變革，也將牛肉場帶進最混亂不堪的「激情秀」時代。此時，歌舞表演已經無足輕重，重點換成——純以性挑逗爲號召的「透明秀」、「穿幫秀」，或藉助道具的「洗澡秀」、「泡沫秀」，就連很暴力的泥漿摔角都搬上台面。到了八〇年代中期，三點盡露已經是牛肉場的必然趨勢，而警察強力介入，開始大規模的站崗取締也差不多在這時候。

斯時，若有一位數年未進牛肉場的觀眾重拾舊好，必然覺得場

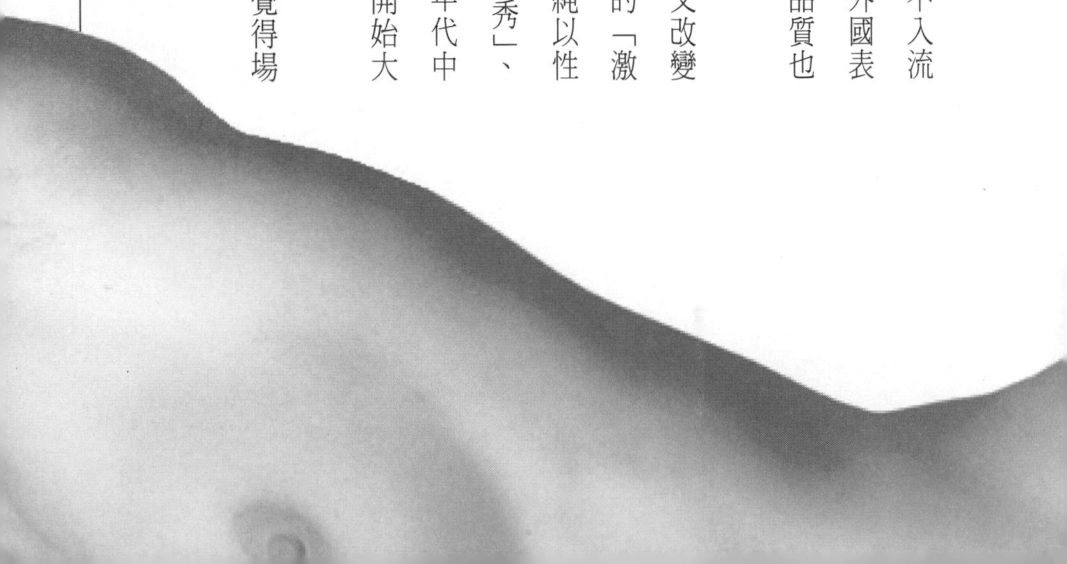

地變得跟以前很不一樣。舞台前，不是隔著一層不易跨越的透明玻璃，就是很乾脆地用鐵欄杆圍起——這是爲了預防警察上台捉人。當舞孃與觀眾袒裎相見時，不但台下有保鑣站出，就連台上也有人護駕。這些圍勢者，就這樣目光炯炯地環視全場，風聲鶴唳，草木皆兵，萬一台下觀眾有正常欣賞之外的「大動作」出現，保鑣立即喊停，場內燈光也在瞬間完全熄滅。筆者就曾在台中某牛肉場戲院親身經歷這種熄燈叫停事件。現場登時雞飛狗跳，穿衣的穿衣，閃人的閃人。後來查清純屬烏龍，只是保鑣們太盡職而已。

必須這樣演出的牛肉場，幾乎已經走到窮途末路，即使在八〇年代中期，因爲影劇圈的高度不景氣，使得部分影視紅星不得不下海客串，也只能稍挽頹勢，終究無法回復往日風采。牛肉場的全盛時代，在台灣恐怕已是昨日黃花，不可能再有另一個春天了。

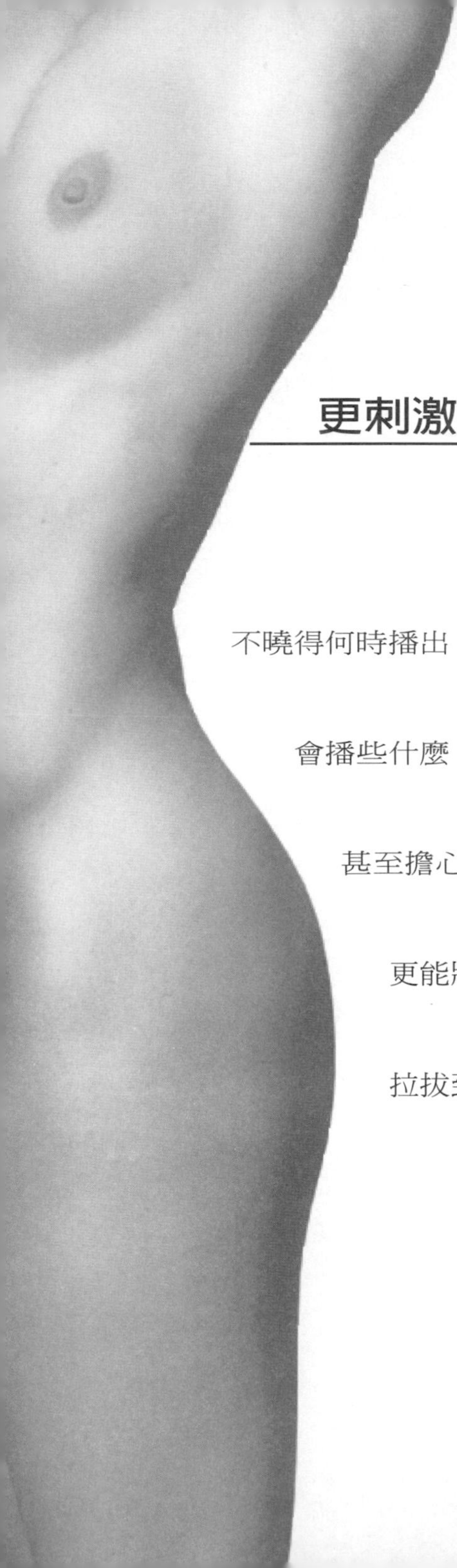

更刺激，更叫人期待的插片

重返插片戲院

不曉得何時播出

會播些什麼

甚至擔心到底播不播的插片

更能將心理上的期待

拉拔到最高點

在台灣，我不相信會有「沒進過電影院」的成年人，更不相信還有成年男子，沒看過情色影片。

冠上浪漫、優雅，又充滿修辭效果的「情色」二字，或許讓某些人的腦筋一時轉不過來，想不通如此受到男人歡迎、愛戴的影片，究竟屬於何種類型？

如果，筆者將它改寫成：A片、小電影、成人電影、黃色片、三級片、風月片、鹹濕片，或將兩字直接顛倒成「色情」片，想必不會再有人誤解。

解嚴之前，這類電影根本不可能合法進口。即使勉強過關，得以公開播映，也是修剪得面目全非，不但養眼鏡頭看不到，就連原始劇情（如果有的話）也教人看得滿頭霧水。

儘管如此，那些專門播映此類型電影的戲院，依舊生意興隆，遇上強檔強片，甚至可能場場滿座，人山人海，爲什麼？因爲重要鏡頭雖然在「送審版」中被剪掉了，還是有非法保留的菁華「拷貝版」可以插播，這也就是讓許多忠實觀眾，所津津樂道的「插片」。

既是插片，會插在放映中途的何時補上，可就不一定了。根據往日經常駐足插片戲院的內行人表示：通常不會在一開演就播，也不會在片子快結束時才播，正常情況，大約在開演後四十分鐘到一小時之間最有可能。因爲這時觀眾通常也最多。

不管何時播，前提是當時絕對沒有警察在戲院內站崗。

萬一進場後，才發現竟有制服警察在場監看怎麼辦？還會不會播出插片呢？

「當然會，信用良好的戲院不會拿自己的招牌開玩笑。只是到底何時播，就必須以條子的去留爲依歸。」這位內行人士說：「不

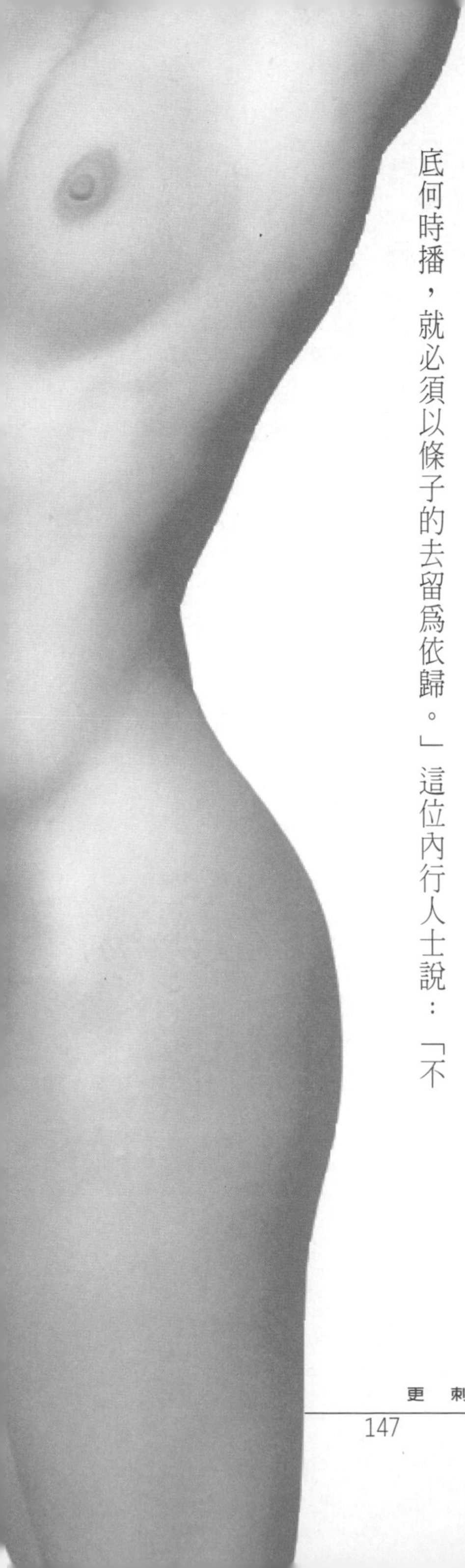

過，絕對不會有鬧到可以陪你看完整場電影的條子。只要他們前腳出門，戲院內馬上傳出歡呼叫好聲，再過三、兩分鐘，包準有精彩畫面可看。」這情況倒是和本土的牛肉場頗類似呢。

在一九七〇至八〇年的全盛期，播映插片的戲院遍佈全台各地。它們或許在電影版敬陪末座，也不見得有很大或很好的聲名，可是只要到當地的男校或軍營詢問，絕對是誰人不知，那個不曉，想看的人絕不可能有跑錯戲院的烏龍狀況發生。

擅自播出插片畢竟違法，因此戲院對觀眾的管制也比較嚴謹。如果你帶著手提包，百分之九十九會被要求打開檢查。

這裡面當然不能有照相機，連錄音機也不歡迎。要是有，而且被搜到了，保證要求寄放。你不願意，收票員會二話不說地退錢給你，請你下回光臨。管制更嚴格的戲院，還會在風聲比較緊的時候，要求你將整個手提包寄放櫃台，等看完出場再領。

進入插片戲院的觀眾，百分之九十九是男性，年紀從高中生

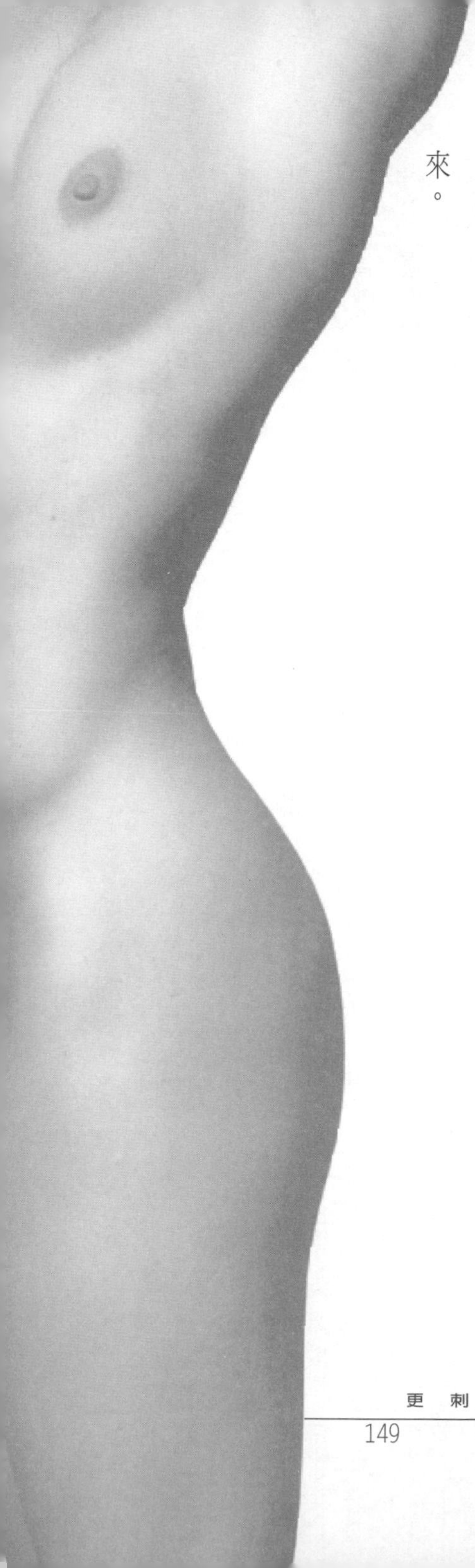

（或許還包括穿便服的國中生）到老阿公、歐吉桑都有。據說，買票是進入這種戲院的第一道難關。雖然只要把錢丟進窗口，售票員根本不會在乎你到底幾歲，但年紀太輕，或第一次前來者，總是顯得步履匆匆，羞澀不安，一看就像初涉此道的菜鳥，很怕被熟人撞見。完全不如歐吉桑般老神在在，還能跟撕票員站在門口自在談笑。

會不會有女人走進插片戲院呢？有，不過非常少。某位曾經在插片戲院擔任驗票、撕票工作的男子表示：來的話，也是跟男生一道來，從沒見過女子單槍匹馬闖進，或者是一票女人呼朋引伴前來。

據說，膽敢進入插片戲院的女性，多屬成熟型的女子，甚少是年輕小姐。當她出現時，很容易變成受人矚目的焦點。當終場燈光亮起時，其它不相干的男性觀眾就算沒有興味盎然地盯著她瞧，也會偷瞄幾眼。而帶她進來的男子，也連帶地受到關注與羨慕。因爲，大家都會想：這兩人的「某種」關係絕對非比尋常，配合度一定很棒，才可能有進場共賞插片的雅興。

插片戲院之所以吸引觀眾，靠的是平常建立的「口碑」，與此刻上演的正片好壞，未必有直接關係。因此，戲院也不必爲上檔新片，做多大的廣告宣傳。一般，只是在戲院附近張貼用白紙寫出片名的簡陋海報。另一種更廉價方便的宣傳方式，就是在戲院內播映預告片促銷，有時一演可能就是七、八部之多，看起來實在過癮。

不過，要是戲院弄到強檔新片，就比較有可能廣爲宣傳。除了登報做廣告外，甚至會租輛發財車到鄰近各地廣播，號召舊雨新知，在上片時共襄盛舉。

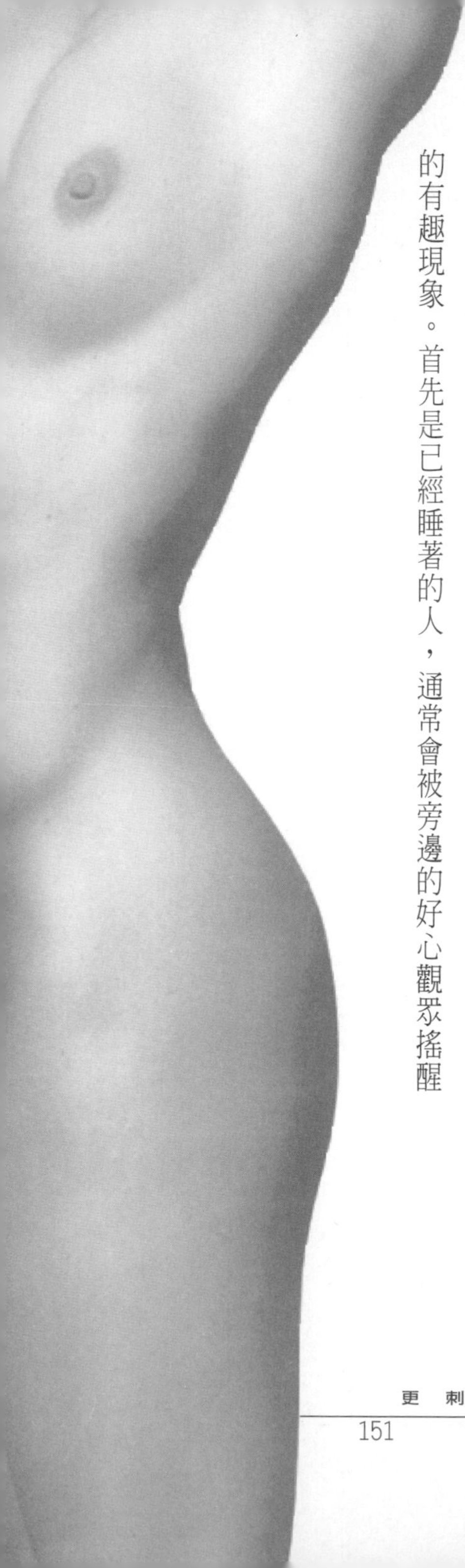

強檔片該如何定義呢？大牌所主演的算，花樣特別的也算。當時一位名爲「艾雲芬芝」的性感嬌娃，就是大牌中的大牌；而題材比較特殊，需要動員較多美女拍攝的宮闈片、女子監獄或女集中營類型的片子也算。這樣的片子，通常安排在三節強檔放映。

平常，插片戲院既不對號入坐，也不清場，就算你想從戲院開門一直待到打烊也沒人管。因此在炎熱的夏天，總有一些實在很閒的人，進去吹冷氣、睡覺，一待就是老半天，只要在插片播出時，「及時」醒來就可以了。

眾所期待的插片終於放映時，也會發生一些正常戲院所見不到的有趣現象。首先是已經睡著的人，通常會被旁邊的好心觀眾搖醒

（儘管彼此之間並不認識）；再來是已經起身離座準備走出，和當時剛好走進戲院的人，會像木頭人似地站在走道、門口欣賞。除非旁邊剛好有位可坐，否則時間如此寶貴（插片通常只有三、四分鐘長度），誰肯將視線暫離銀幕去找位子。

最後在插片播映完畢後，必定有一票人毫不猶豫地起身離場——反正該看的已經看到了，還杵在戲院裡幹什麼？因此老鳥都知道，看見一票人魚貫走出戲院時，就不必急著進場，可以先去戲院附近晃晃逛逛，打打魷魚、香腸。反正一場戲通常只插播一次，等下場開映時再進去等待就可以了。

插片播出的內容，通常是這部電影被剪掉的精彩片斷（有時也可能是風馬牛不相干的另一部電影）。由於戲院方面是將所有畫面，集中在一起播出，因此時間邏輯上頗有疑問。

有時候，你還看得懂這是半小時前，片中男、女主角擁吻之後被剪掉的未完成紀事；也有些時候，你根本不知這段親熱鏡頭所爲

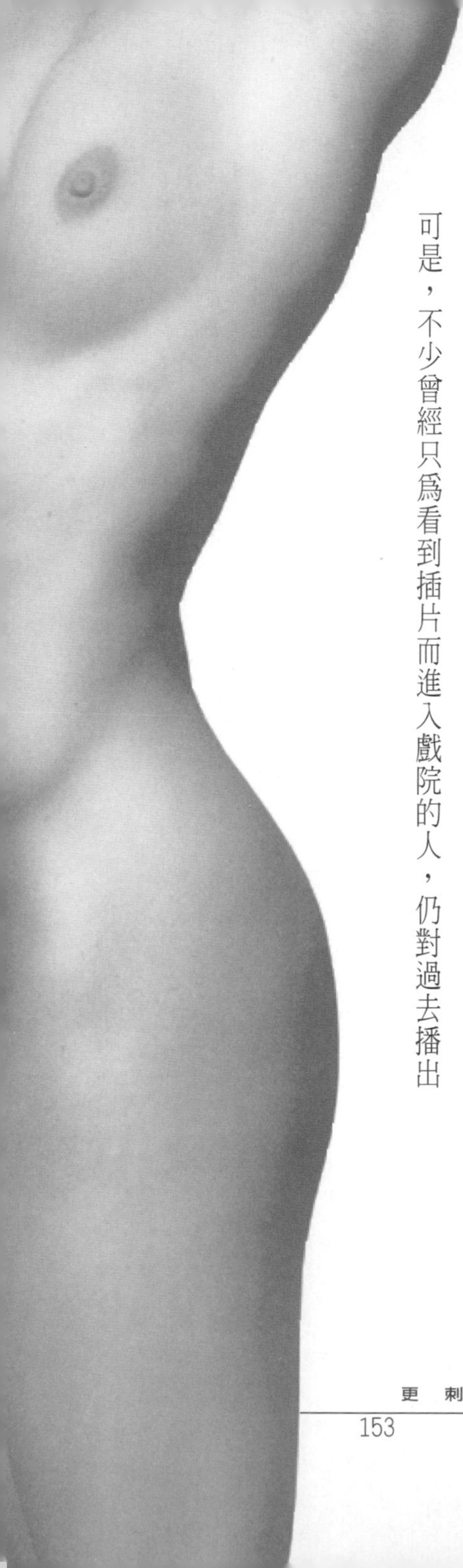

何來，必須等電影演到後半段，才能將情節完整連貫。

因此，對認眞看待插片的人來說，此刻所進行的也是一場重新剪輯拼湊的腦力激盪。如果僅將注意力擺在片中女子脫多少，露多少，動作是否刺激精彩……自然不必如此麻煩，只求它演得愈久，歡愛場面愈過癮愈好。

以現今的情色尺度，審視以往從R級電影剪下的插片，就算內容如何聳動，現代人看來也覺得稀鬆平常。其暴露程度或挑逗性，恐怕都不如九〇年以後合法可看的限制級電影，更別提八五年左右，那些插片戲院所改播的「完整版」非法X級影片。

可是，不少曾經只爲看到插片而進入戲院的人，仍對過去播出的種種津津樂道，認爲那時所感受的興奮刺激程度，遠非什麼都可見到的現今所能比擬。這恐怕是當年較保守的社會風氣使然，也是人性當中潛藏的偷窺慾望作祟。

畢竟，不曉得何時播，會播出什麼，甚至擔心到底會不會播的插片，更能將心理上的期待效果，拉拔到最高點。

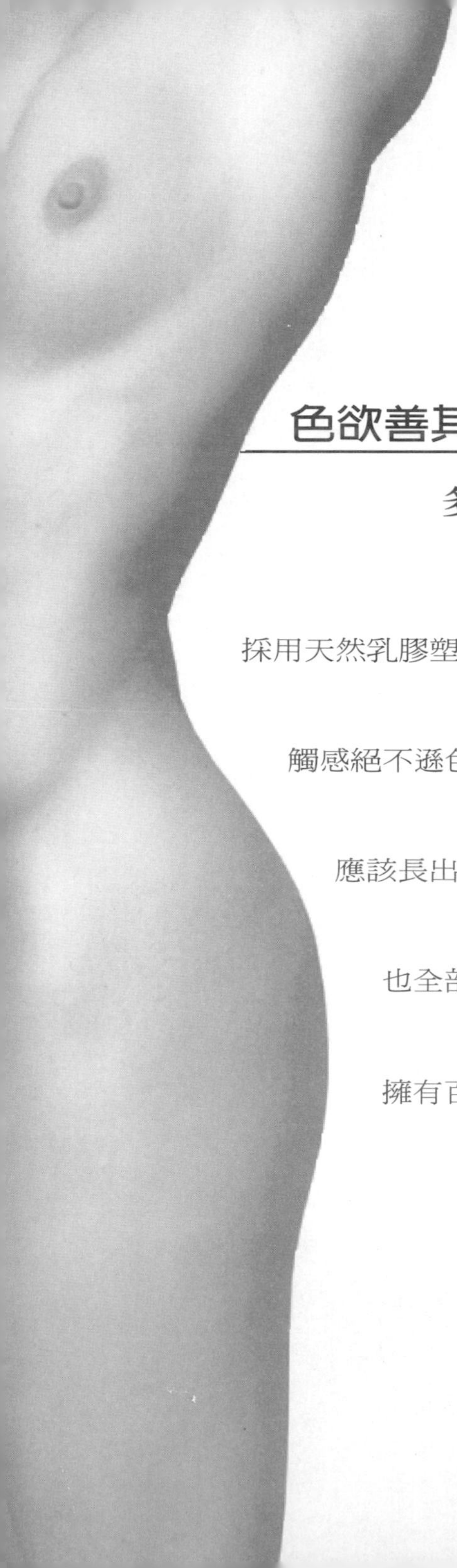

色欲善其事，必先利其器

多彩多姿的性道具

採用天然乳膠塑造

觸感絕不遜色於眞實肌膚

應該長出毛髮的部位

也全部移植自眞實女人的頭髮

擁有百分百的眞實感

在台北的某些路段，可見某些商販大力促銷某件令男人十分好奇的產品。它的廣告文案，是這樣子寫的：「欣賞鎖碼頻道的利器，消除馬賽克的剋星。」

如此字眼，足以讓「看得懂的人」對其功能一目瞭然，並開始揣測：這究竟是啥玩意？爲何如此好用呢？

趨前詢問，恐怕令人有點失望。因爲老闆神秘兮兮秀給你瞧的寶貝，只不過是副「眼鏡」罷了。它和一般眼鏡的差別，只在鏡片上面，印著密密麻麻的彩色小方塊。賣得比較貴的高級貨，方塊面積較爲細小，還可旋轉鏡片，調整彩色方塊的排列序位與角度；而便宜貨的方塊面積可就大上許多，眼鏡框架也毫無質感，一看就知道是粗製濫造商品。

這般平凡的眼鏡，眞有如此神奇的妙用嗎？

由於沒有播放影片供顧客檢驗，因此無法當下得知。但是應該有不少耐不住誘惑的男人（聽說從無女性洽詢），在強烈好奇心的驅策下買回家「實驗」。否則不會有多位販賣此物的老闆，異口同聲地告訴我銷路不錯……。

現在，就讓我報告某位專業攝影師，試戴多款此型眼鏡後的研究成果吧。他的結論只有很簡單的四個字：「慘不忍睹！」

據說，原本沒有被馬賽克遮蓋的畫面，非但因爲載上有色眼鏡觀看而影響畫質；就連一心想要「解套」的重點畫面，也因鏡片上的色塊與電視裡的馬賽克對不準，無法有效抵銷而更加模糊。

就算好不容易對準了，碰巧對到了，所見到的也是暗暗的，形狀不規則一團的黑色（其實：費盡心血想要看見的那一點，顏色本來就是黑的），而且還是畫質混濁，效果極差的黑濁色。絕不可能還

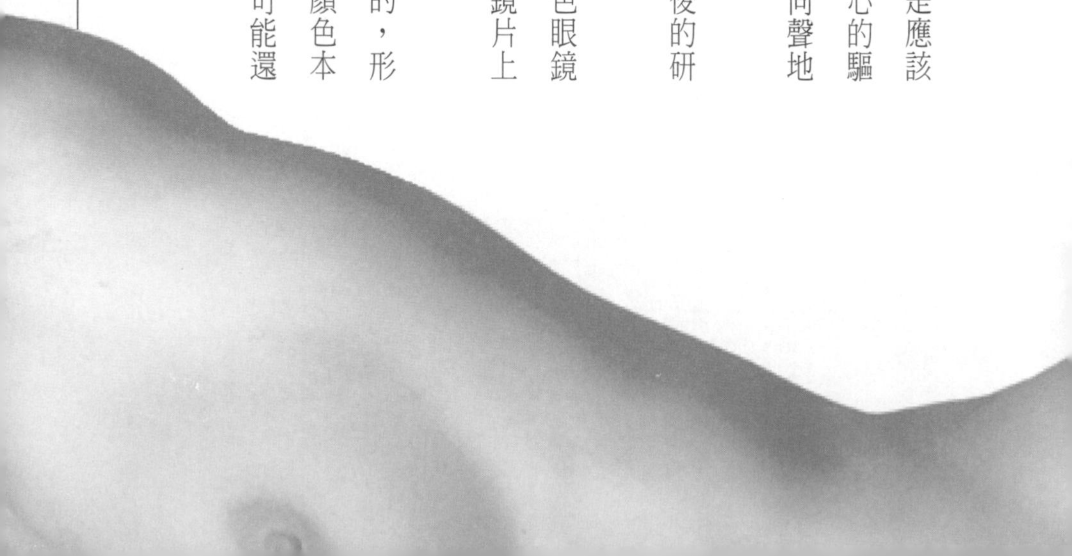

回它鮮銳、清晰的本來面貌。

唉！既然都拍了，爲何事後還要針對身體上的某一點，做遮蓋處理？這眞是畫蛇添足，大煞風景！我想，許多雅好成人節目的男士，恐怕都有這樣的遺憾與無奈。

歐美國家色情影片，分級制度做得相當徹底，如果拍的是——不能刻意裸露下體的R級片，男女主角眞刀實槍接觸的重點部位前面，總是那麼「碰巧」地擺著一盆花，放著一盞燈，立著一根柱子，或者剛好被身體擋住……總之就是順理成章地讓你看不到。這樣一來，自然不需要在畫面上噴灑白霧或局部馬賽克了。

日本色情片的表達概念與歐美不同，當雙方進行歡愛動作時，難免暴露敏感部位，偏偏日本法令規定不能在片中露毛（至少國內版如此）；實在避不掉，或者怕刻意避掉有損眞實感，就只好在

「局部」遮掩，做點手腳。

無獨有偶，日本男人對色情片上的這一小塊畫面限制，也是恨得牙癢癢，務必除之而後快。由於日本的科技十分先進，更懂得讓科技迎合現實需要，變成消費商品。於是，一款名爲「編輯除去機」的新電子產品誕生了，它的功能就是消除畫面裡的馬賽克效果。

編輯除去機的外型，有點像放大後的電視搖控器，金屬製的機身上，裝設著好些不同的開關與旋鈕，藉以控制畫面明暗、色澤濃淡、干擾（除去效應）的強弱……。

最有趣的是：它還利用一支類似滑鼠似的小搖桿，來調整除去的位置與範圍，避免影響其餘未遭馬賽克破壞的畫面。

這樣的產品，售價可不便宜，即便是功能最少的「普及型」，也比台灣最高級的「馬賽克消除眼鏡」貴上幾倍。一分錢一分貨，再

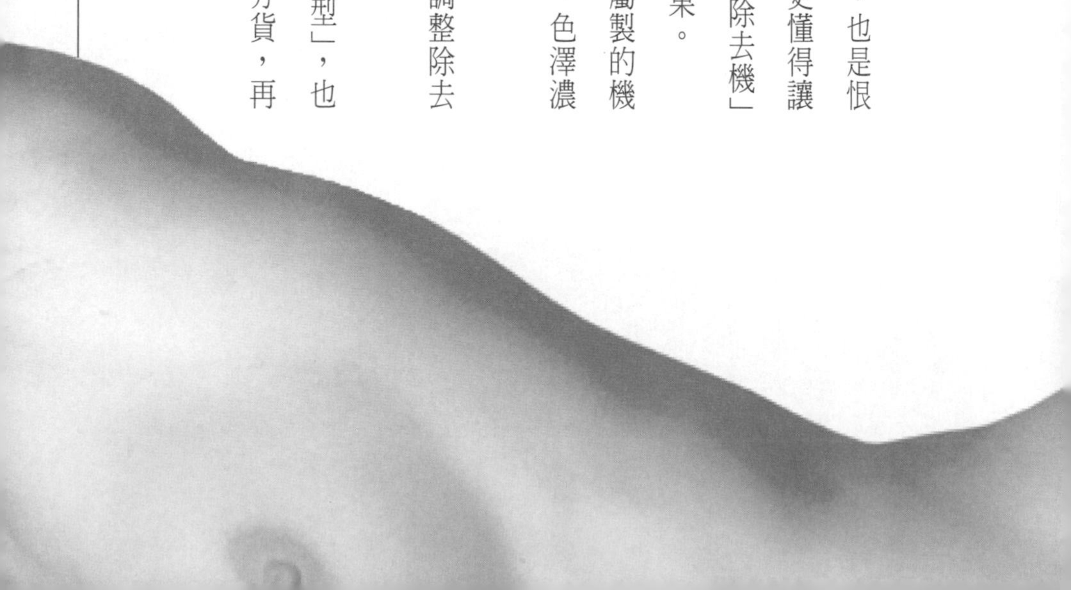

加上日本的高科技，它的除去效果想必也該強過數倍才合理。

但，編輯除去機眞的就能還原出未經處理前的原始畫面嗎？

某位對電子影像非常有研究的專業剪接師，斷然表示不可能。他認爲：就算是很熟練的專家，再加上很專業的機器，能夠還原出原始畫質的百分之八十就值得慶幸了。

馬賽克消除眼鏡與編輯除去機，都只在於改善視覺，算是「間接」情色商品。世界上，還有各款各樣供男人（也包括女人）直接發洩的情色道具；其中，品質最高級，售價最昂貴，實戰效果最逼眞的產品，便是日本所研發的「面影」系列。這種模仿眞人尺寸所塑的女體，本爲殘障人士發洩性慾所設計，怎知製作太成功，竟變成最貴重的情色商品。

目前，「面影」共有三種款示。最早開發成功的就叫「面影」，最頂級的稱之爲「影華」，而銷售成績最好的是賣價介於兩者之間的「影身」。三者的功能優劣，完全與價格成正比。

例如：知名度最高，流傳最爲廣泛的影身，是位身高一百五十三公分的十九歲黑髮東方少女，三圍比例分別是：八十五（公分）比五十八比八十六，看起來就是一位前凸後翹的標準尤物。

她的皮膚，採用天然乳膠塑造，撫摸的觸感絕不遜色於眞實肌膚。爲求完美逼眞，還依人體解剖的結構，手工打造出全身肌肉與應有的皺紋。至於身上應該長出毛髮的兩大部位，也全部移植自眞實女人的頭髮，因此擁有百分之百的眞實感。

影身的身體各部分關節，均可任意旋轉活動，以方便使用者擺佈出各種體位。不僅如此，她還會搖頭、點頭、閉眼、瞇眼，甚至開口說話與呻吟。

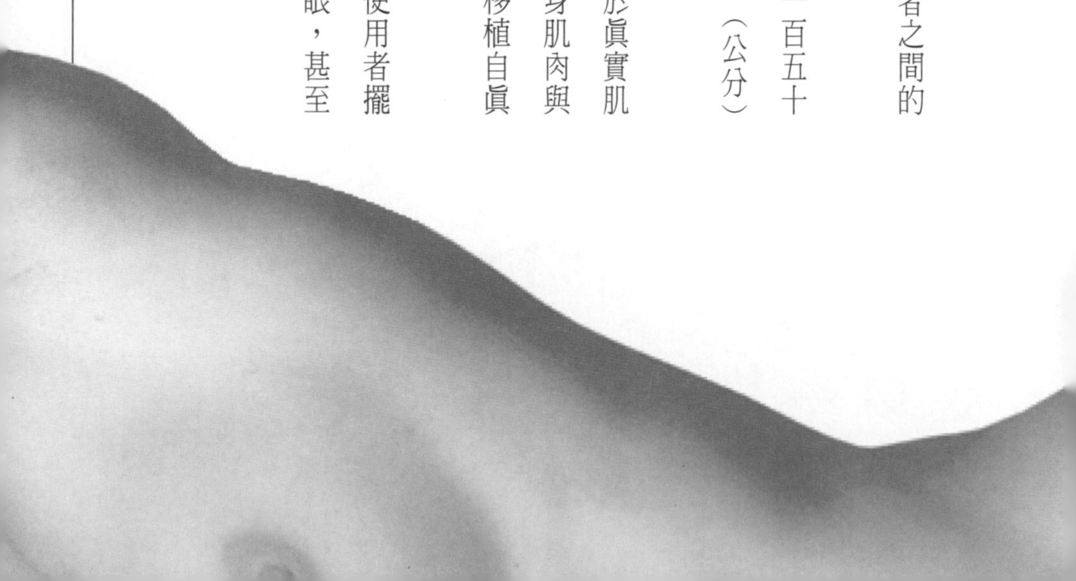

假人怎麼說話呢？當然是在身體內裝設著錄音機囉。專供影身配用的錄音帶，擁有護士、教師、大學生、歡場女子……等各種不同角色，多數使用者在選定影身所扮演的角色後，還會爲她配穿與其身分對等的衣服，包括：外衣，內衣，和可以搭配的隨身道具。

一位打扮妥當，梳理過髮型的影身，乍看之下確實彷如眞人，而她的面貌身材與整體質感，或許還比許多眞實的女人，更容易叫男人產生性衝動。

中看的影身，到底中不中用呢？

許多有此經驗的日本男人，在雜誌投書表示：一試難忘。男人感受的由來，跟影身由超高科技所打造的性器官不無關係。

據說，它的陰部與口腔，是由現今所能開發出的最高級天然乳膠所塑造，不但彈性絕佳，收放自如，還可以傳導溫度，甚至加注水分。更不得了的是：還可比特別加裝由微電子控制的振動器與旋轉環，當兩者共同運作時，可達成眞人無法達成的超高難度細膩動作。男人在這樣的刺激下，當然一試難忘。

理性評析：面影的「性能」絕對有可能超越眞人，而且隨著科技進步，她只會更加完美。但是從感性角度看：任何再先進完美的面影，也永遠無法取代眞人。因爲，做那檔子事，畢竟是要有感情的。絕大多數的興奮與滿足，來自於男女雙方從初識到熟識，到終於可以上床的互動過程，而不是最後的作愛結果。面影固然叫人一試難忘，但是再試，三試之後，卻可能叫人興味索然。

事實上，所有缺乏感情基礎的性愛，結果莫不如此，再多彩多姿的性道具，也只能滿足好奇，增加一時的快感罷了！

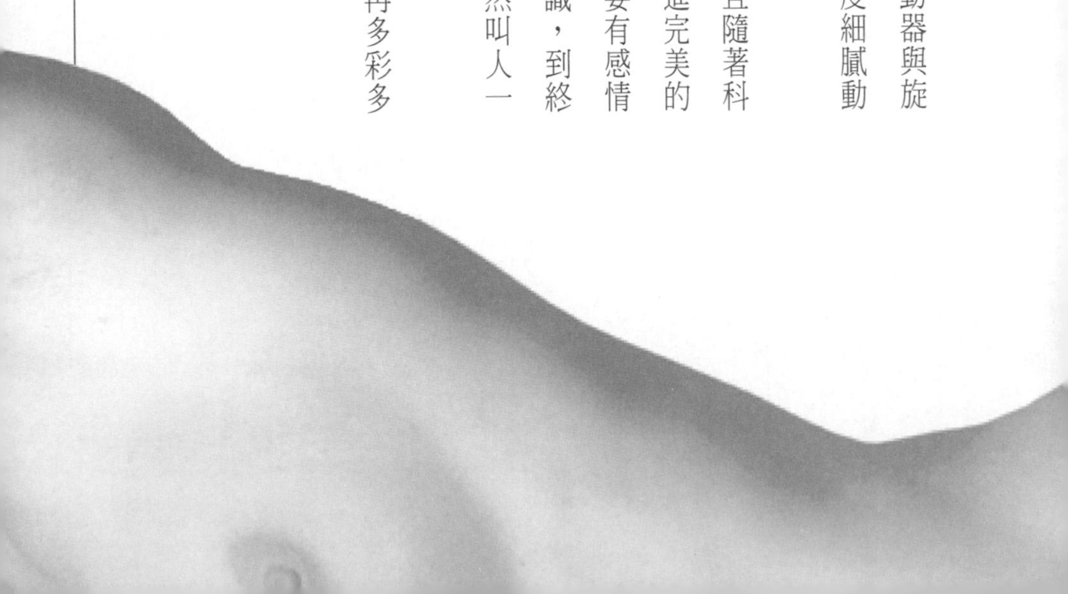

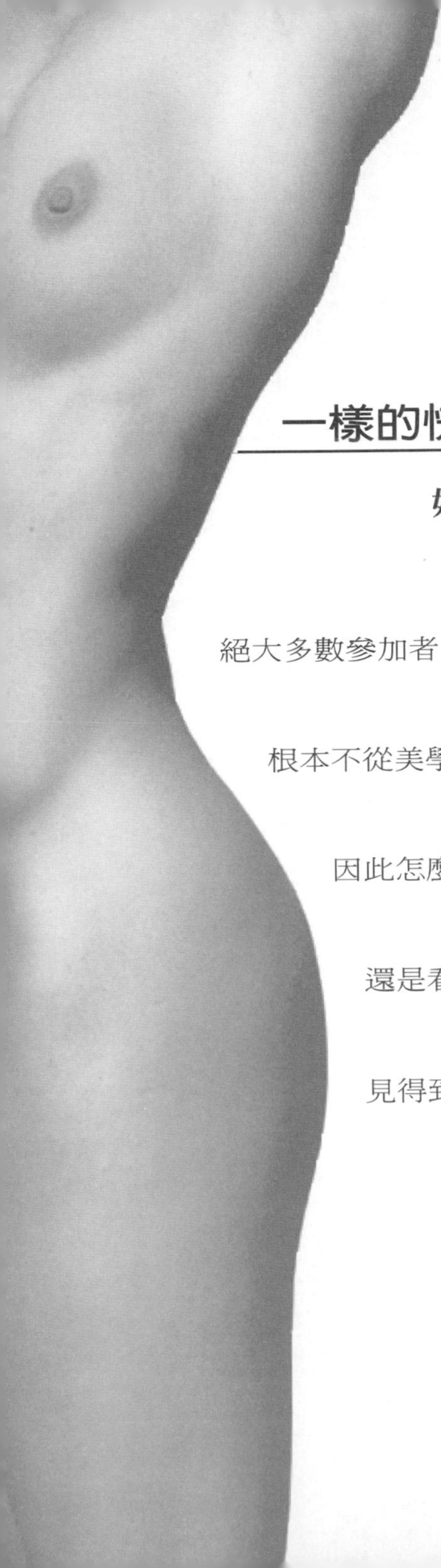

一樣的快門，兩樣的心情

好色的攝影癡人

絕大多數參加者

根本不從美學的角度來取景

因此怎麼拍都沒關係

還是看得多

見得到暴露比較重要

很多男人拍過照；但是拍過裸女的人，恐怕就少。

喜歡拍攝裸女的男人有兩種。一種是爲藝術而拍，在他們眼裡，玲瓏有致的女體，宛如上天創造的奇蹟，可在其中發掘諸多創作的可能性。

另一種人，可能完全不理會（或者根本弄不清楚）藝術是啥玩意兒？他們只是想利用攝影的機會去窺探女體。所拍的照片如何？甚至到底要不要拍照，均屬次要。

也因此，有人雖參加裸女攝影活動，卻不帶相機；有人雖然帶著相機，卻沒裝底片。也有些人，拍是拍了，但是所拍的照片，只是赤裸的呈現，毫無肢體美感可言。

八五年左右，台灣（尤其是台北）曾經流行好一陣子的「非藝術」裸體攝影。當時，在人跡罕至的山林溪澗，荒野空屋，不時可見此類團體出沒。他們的「招生」狀況，大概是這樣的——

如果不是在報上刊登招收團員的小廣告，就會有一位主辦者在

同好間放出風聲，利用口耳相傳散佈訊息，讓此道中人得以找到入門途徑。只要報名人數差不多了，攝影團隨即成立，待機出擊。

或許有人疑惑：這樣的廣告，該怎麼登呢？你放心，內容絕不會有任何不當字眼，而且還會特別標註「藝術攝影」這幾個字。反正看得懂的人，都知道是怎麼一回事嘛！

等一切聯繫妥當，所有報名者便在某個天氣晴朗的週日早上，利用市區內某處交通便利的場所集合（通常在台北車站或公館、台大附近），一起搭遊覽車出發。

當年的參加費用，行情差不多為一千元左右。這筆錢會在車上收。待會兒要被拍照的模特兒，此刻也衣著整齊地坐在車內，接受人們評頭論足。如果參加者問起，究竟是要去那裡拍啊？主辦人肯定回答：不知道，看看再決定……。

這說法倒是不假。因為他心中雖有幾處理想地點，但最後的拍攝地，卻可能因為各種突發狀況而改變。例如：到了當地，卻發現有閒雜人等出沒；或是已被其它攝影團體捷足先登。這時，自然得再轉移陣地，改換地點。

往昔「非藝術」人體攝影的黃金路線，是在新店、坪林間的北勢溪流域。這一來是因為公路經過，大型遊覽車進出方便，二來當地有山有水，有樹有石，這些都是天然屏障，掩人耳目比較容易。

筆者三次隨團考察，發現主辦人偏愛的攝影位置，都在遮蔽性較佳的狹窄河床附近。那是從公路下車後，步行大約十五分鐘左右可達的河谷地帶。總之徒步距離不能太遠，但也絕對遠離一般遊客烤肉踏青之地。等大家到齊，主持人就催促模特兒開工。

第一階段，拍的是泳裝。模特兒所穿，多半為三點式，拍了好

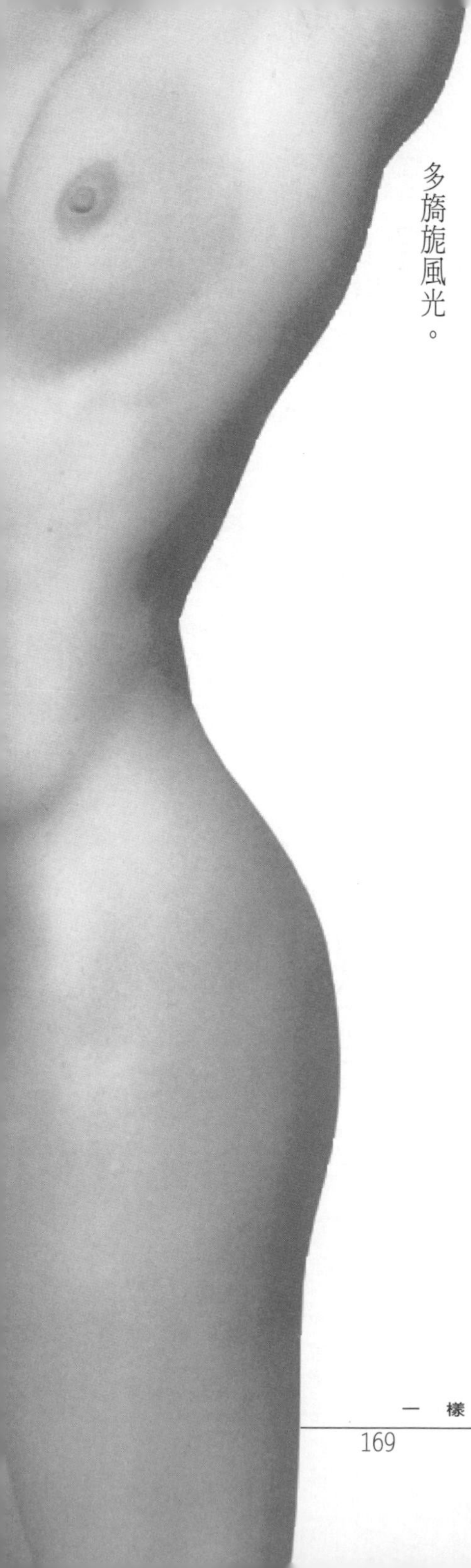

一陣子後，模特兒會脫掉上圍，但還是用手、用脫掉的泳衣或其它道具，不時遮掩自個兒胸部。

到了第二階段，模特兒會連泳褲也脫掉。此時遮掩的重點變成下體，上面就放任裸露。一般來說，實際拍攝活動，大約爲兩個多小時，而模特兒當眞脫得一絲不掛，而且不刻意遮掩的時間，可能只有十來分鐘。雖然如此，攝影者（或者觀賞者）還是有許多機會可趁。

例如：模特兒轉換動作時，難免不經意露出春光乍洩的空檔。而且就算拍照時模特兒極力遮掩正面，但從側面角度看來，仍有許多旖旎風光。

反正絕大多數參加者，根本不以美學爲角度來取景，因此不管站在那裡，甚至是不利於攝影的大逆光位置，也沒什麼差別。還是看得多，見得到「暴露」比較重要。

還有些人，從頭到尾挑選最有可能見到穿幫鏡頭的角度。他們說：「這要比直接看到（拍到）正面的裸露，更刺激有趣。」

每次活動，大約有三位模特兒隨行；除了年紀普遍算輕以外，長相多半美醜不一（我個人覺得，醜的好像都比漂亮的多），更有身材很不入流，或者動作、姿態極不高雅的人混跡其間，濫竽充數。叫人弄不懂主辦人的甄選標準何在？

但是主辦人也有話要說。據說，願意裸露被這些「企圖不明」人士拍照的女子，極不好找。要找漂亮的更難。

「能有人肯讓你拍，就算不錯了——」某位主辦者很不以爲然地表示：「這又不是攝影比賽，別要求太多！」

在場的參加者，當然是將相機或眼睛，對準自個兒認爲臉蛋最

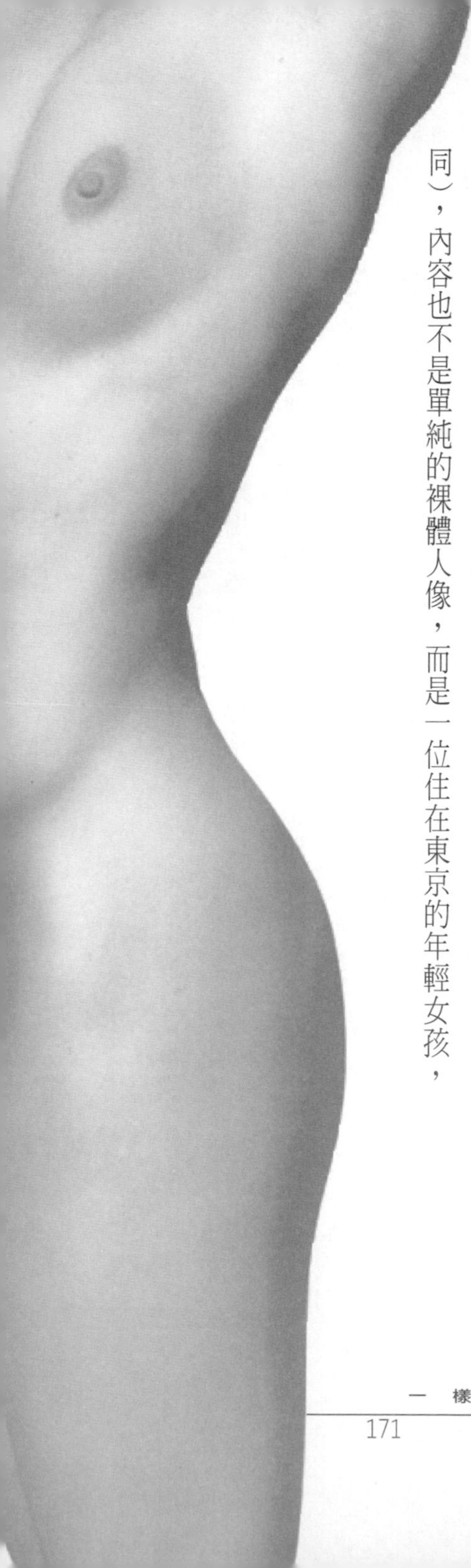

漂亮，身材最姣好，以及動作最大膽的女郎。至於姿勢擺得夠不夠水準，好不好看，絕對是次要考量。眞正從事人體攝影的創作者，如果誤上賊船來到現場，必定感覺此地所進行的一切，根本是低俗鬧劇一場。

現在，我將攝影現場轉移到日本。八〇年代，日本也流行過好一陣子的「異色」裸女攝影。活動大本營是在東京都的涉谷與新宿。比較中、日兩地參加者拍出的照片，就會發現許多不一樣的地方。

日本人所拍的照片，背景多爲室內（與台灣的荒郊野外截然不同），內容也不是單純的裸體人像，而是一位住在東京的年輕女孩，居家生活的種種態樣。其中較為詭異的，是這位女孩的服裝極為暴露大膽，有時還刻意顯現出身體某些重要部位。

由於攝影範圍，還包括洗澡、更衣、上廁所、睡覺……等情節，在那些時候，裸露似乎也不是一件太奇怪的事。

比起台灣異色攝影團的「機動」招募，「臨時」成軍，日本人可是有一套堪稱嚴格的入會制度。想加入，得先繳交一萬日元（約合三千餘元台幣）的入會金成為基本會員。也只有會員，才會收到拍照的通知，和擁有參與拍攝的資格。

會員每拍一場，都得再另行繳費。行情至少為每小時一萬日幣。沖洗費用另計。這種照片規定不能外流，因此即使是會員，也不可以拿到外面的沖印店洗照片。

在下曾在新宿某異色攝影現場，觀摩日人的活動。發現會員所持有的器材，多半堪稱專業（至少沒有傻瓜相機），拍照的態度，也頗認眞。還有老師在旁做簡單指導。

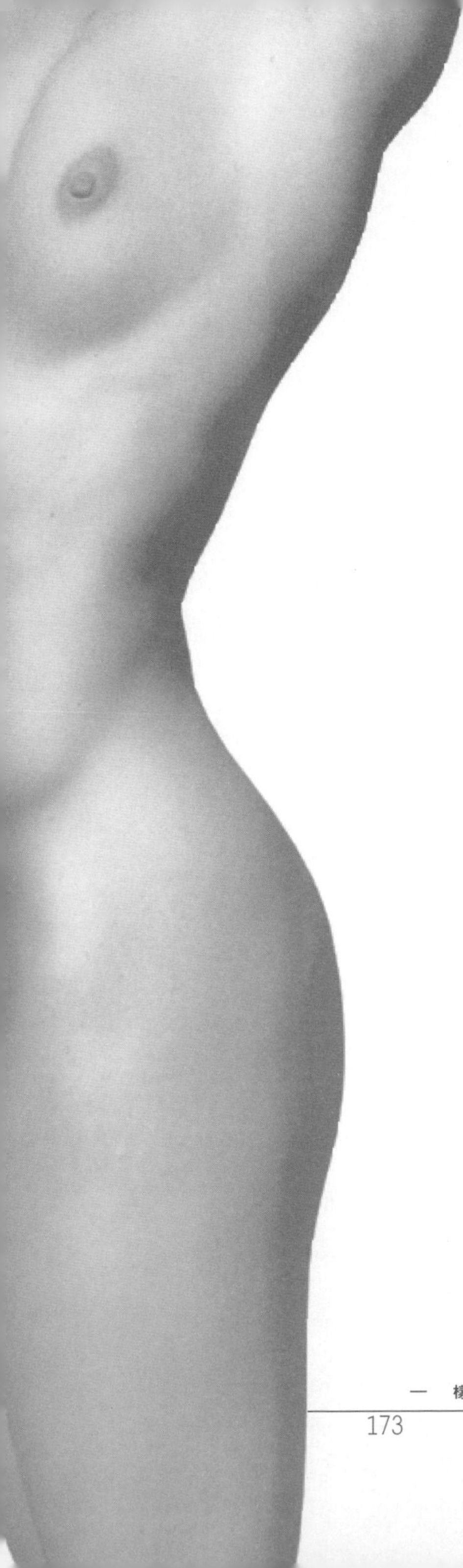

如果，那些照片不是刻意強調性器官，不是拍到極不正常的肢體展露動作（例如：很誇張地打開雙腿），或者「自慰」相關情節，無論從採光、構圖，都稱得上有模有樣。儘管功力比不過藝術性攝影團體，但絕對不像台灣的荒郊野外裸女照片那樣，亂拍一氣。

日本的情色活動相當多元化，只要有賣點，任何花樣都有人經營。筆者所看見的異色攝影，只是其中之一而已。其實，不管在台灣或日本，不管因一時好奇或極度熱衷此道——貪色者舉起相機，利用拍照來發洩、滿足個人的性想望，都比眞槍實彈嫖妓褻玩，來得高雅文明些，同時也安全衛生多了！

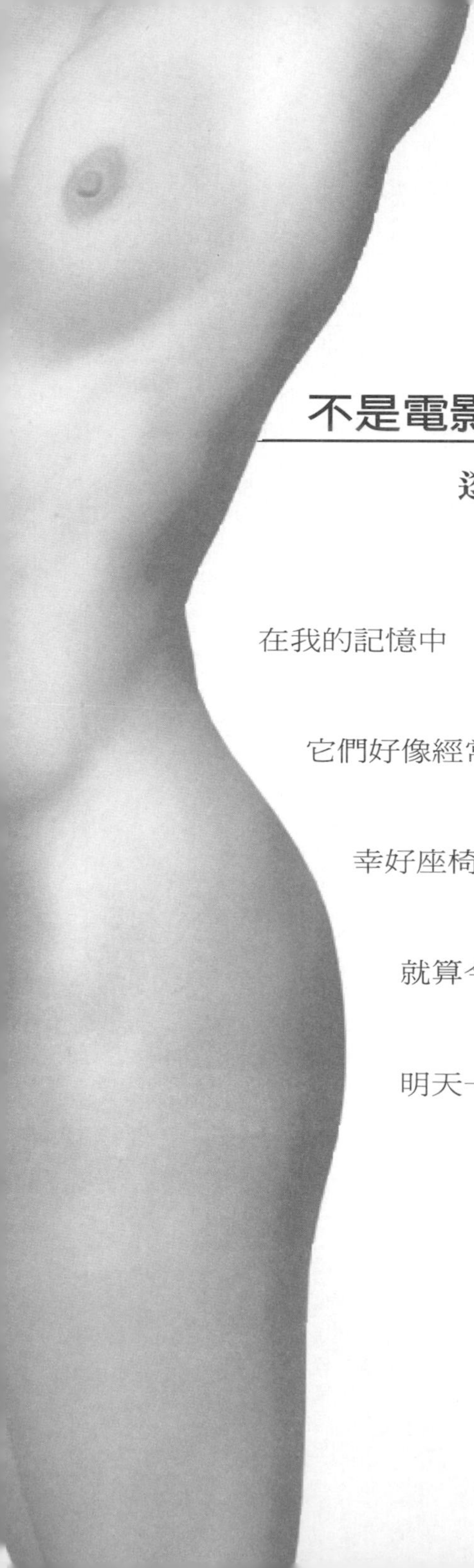

不是電影院，也不像ＭＴＶ

逛逛「不合法」戲院

在我的記憶中

它們好像經常在轉換陣地

幸好座椅是活動的

就算今天搬家

明天一樣可以開張營業

現今，家家戶戶至少擁有一台錄影機，可是在七〇年代初期，這種電子產品剛引進台灣時，擁有者正如鳳毛麟爪，都是家裡很有銀子，又捨得花的人，才有可能購買。

因此，當時便出現一種專門播放錄影帶的戲院，就是我所謂的「不合法」戲院。它像電影院一樣，設有成行成列的觀眾坐席，也播放片子供人欣賞，只不過用的可是錄放影機。場內的觀眾，所欣賞的也不是大銀幕，而是小小的彩色電視機（通常得擺上好幾台）。至於入場門票，倒是比電影院貴多了。通常要花上一百元，約爲當時首輪院線片票價的兩倍左右。

看到這裡，從未涉足此類場所的讀者想必很有疑問：爲何不去更便宜，視覺效果與設備都更好的電影院，要去看很古怪的「不合法」戲院呢？這當然跟所播放的錄影帶內容有關。

裡面所播片子大致可分三種。第一，是打到鮮血淋漓的日本職業摔角。第二，是刀光劍影，殺來砍去的日本武士劍道片。第三，則爲日本的成人電影。非但集暴力、色情於一堂，所演的也都是當時所禁演，不可能在合法管道裡看到的東西。以此號召，生意怎可能做不起來。

當時的人，如何找到這種沒掛招牌的營業場所呢？

首先得從比較複雜、熱鬧的街區逛起。例如：台北萬華的華西街一帶，或三重市天台戲院附近。在那裡晃晃，或許就會看到某個入口處或角落，擺著一台正播放日本摔角或武士片的電視機，外面還圍著一圈人。趨前觀賞，就有機會聽到掌機的老闆暗示：如果想看更精彩的，想要舒舒服服地坐在椅子上，可以去那裡欣賞等等。如此招攬生意，堪稱公開、大膽。

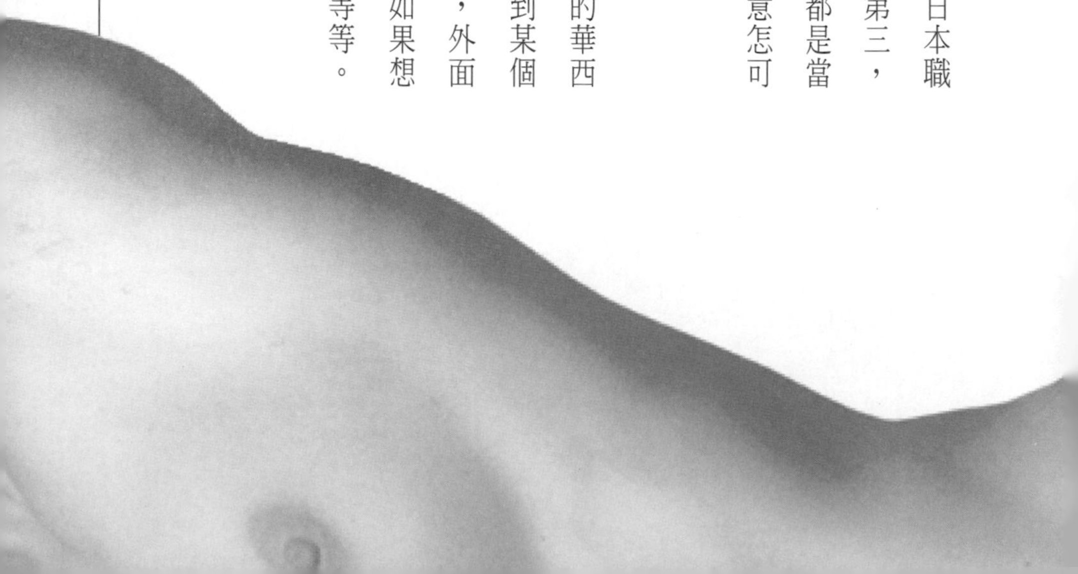

循此管道所見識的不合法戲院，通常較爲簡陋；還有一種不對外公開的類似場所，設備就豪華多了。例如：場地可從普通民宅變成商業大樓的一整層樓面，椅子也從普通的摺疊椅升級爲小沙發椅，旁邊還擺著供人放置飲料或食物的小桌子。

我尤其難忘裡面的餐點服務，從熱茶、冷飲到啤酒、冰棒、香菸……應有盡有，還供應零嘴與滷菜。有需要的人，只要一舉手，就有小弟過來問你要什麼，然後立即送貨到桌，銀貨兩訖。

萬一你要的東西他們沒有（例如：得在現場燒烤的雞屁股、魷魚片），小弟還可以特別幫你去買，服務的週到程度，實在不遜於觀光大飯店。弔詭的是：雖然場地、設備、服務均大幅升級，入場費用卻和普通級差不多。或許是可以在餐飲上賺回不少的緣故。

要到高級、隱密的不合法戲院，得由熟門熟路的人帶領。如果搬家，一個月之內還派專人在舊有之處守候（當然不可能貼上公告），遇上那些前往探頭探腦，因爲找不到而面露惆悵、疑惑表情的客人，便主動趨前招呼，告知新地址。

記憶中，不合法戲院好像經常轉換陣地（這恐怕也是非法營業必須付出的代價之一），但搬來搬去總離不開附近一帶，幸好座椅都是活動的，放映系統也是隨時可拆。聽說就算今日搬家，明天也可以開張營業。

據筆者觀察，不合法戲院生意不惡，似乎總會坐到七、八成滿，隨時約有近百位左右的客人在座。

來的人都是誰呢？百分之九十九俱爲男性。客層分佈，以本省籍的中年歐吉桑居多；再者爲二、三十歲左右的年輕人。壯年人倒是比較少見。更少見的是高中生。這種地方通常是不熄燈，現場光

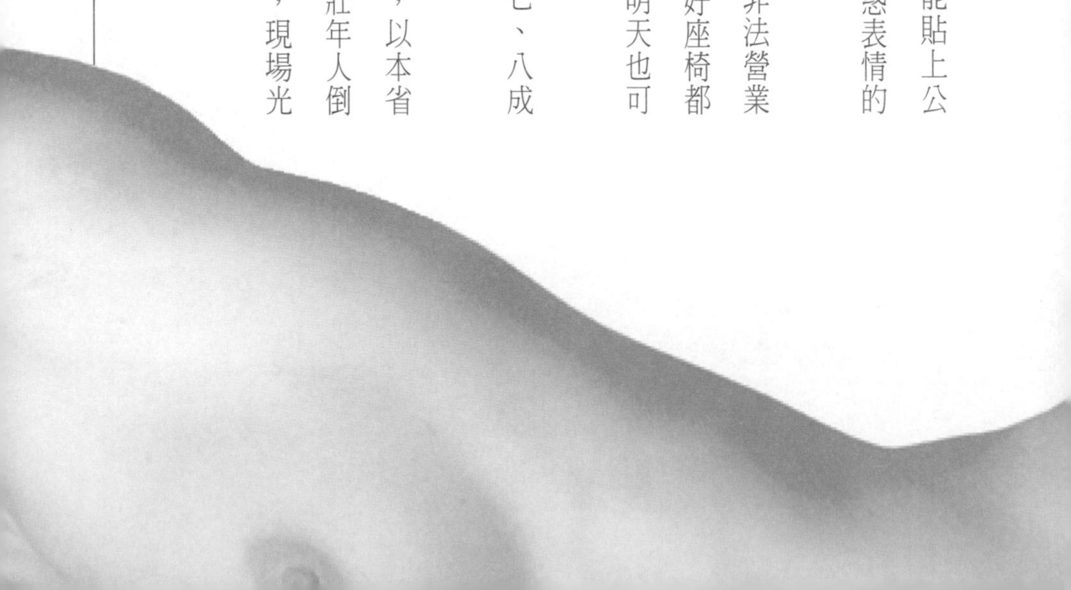

度要比電影院亮多了（反正看電視影響不大），是誰進來，在幹什麼，每一個人的模樣、動作都看得清清楚楚。

其中，最不自在的就是理著小平頭，但故意戴上帽子，穿便服進來的高中生（應該沒有國中生）。他們通常兩三人結伴而來，然後一起坐在角落，很少換座位，也不會去搶佔中央較佳的位置。

二十年前，那有「十八歲以下觀眾，不得欣賞限制級影片」的規定。只要肯付錢，經營者自然會讓你進來。如果演的是摔角或武士片還不怎樣，一旦換成色情片，年紀大的歐吉桑，不免將眼光瞄向那些顯然還太年輕的後生，儼然形成一種道德性的制裁力量，也好像在告誡著：你們這些小鬼，還沒到看這玩意兒的年紀吧。

不合法戲院的播放主力，早期以當時最熱門的摔角片為主，武士劍道片爲輔，色情片只是偶爾穿插的戲碼。後來慢慢變成所謂的

「三合一」，也就是演出一小時的職業摔角，一小時的武士影集，以及長度約一個半小時的日本成人片。再加上放映中途的休息時間，一輪看下來約在四小時左右。一天總共循環四次。

其中，又以播放摔角片氣氛最爲熱烈。當馬場、豬木……等職業選手在電視裡浴血演出時，觀眾們叫好聲、喊打聲、惋惜聲不斷，爲喜歡的選手加油打氣。相較之下，武士片就彷如讓觀眾冷靜的休閒時段，此時聊天的聊天，走動的走動，叫東西吃的人也最多。

等到換成色情片，全場立刻變得鴉雀無聲，多數人都像木偶般地靜默觀賞。七〇年代初期，台灣的情色資訊相當貧乏，能夠在電視裡看到如此徹底、直接的演出，絕對是很難得的體驗。等到錄放影機漸漸普及，戲院的插片也愈見大膽、公開，不合法戲院自然也

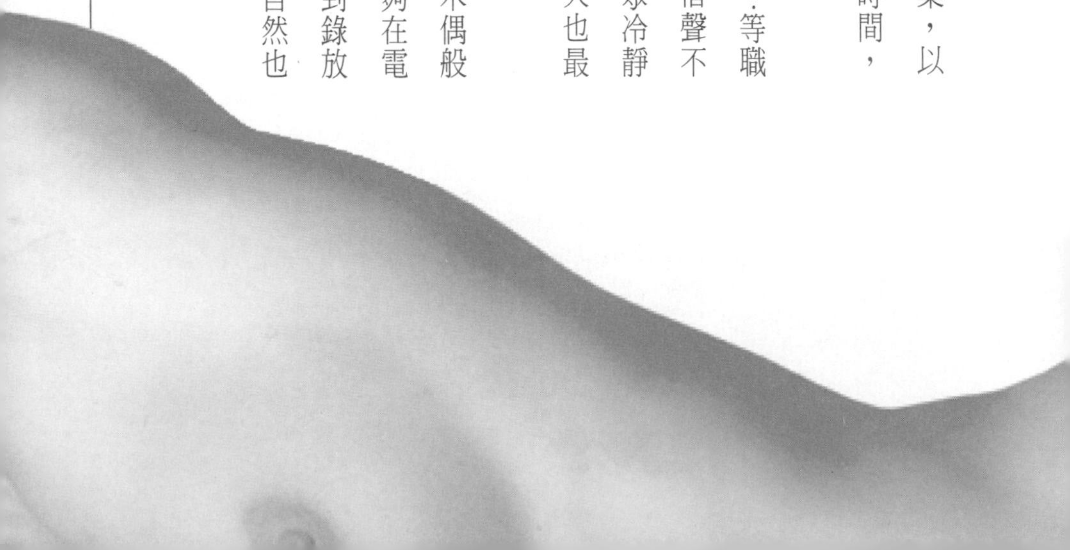

混不下去，只有關門大吉一途。

最後，我要特別介紹一則發生於當時的趣事，它也間接說明了台灣男人隨興、隨緣的情色心態。

原本，電視裡正好端端地播映某部日本成人片，演到男女主角雙雙脫去衣服，準備辦事時，錄影帶卻出了狀況，突然跳接另一畫面，變成包公案裡的「怒斬秦世美」。想必是錄片時的作業疏失。已經有所期待的觀眾，立刻罵聲不絕，群起抗議。老闆顯然也沒想到影帶會出問題，趕忙跑出來陪罪，同時聲明馬上去找更精彩的片子播給大家看。

或許是調片效率太差，也或許是二十年前的成人錄影帶在台灣片源有限，這一找，至少拖過半小時，才改映另一部西洋色情片。老闆以爲這下總算將事情擺平，沒想到觀眾依然抗議，而且火氣比剛才更大。就有一位看似主力常客的歐吉桑，站出來以台語發言：

「你要換片沒關係，但是也要等這齣戲有一個結果，千萬不要只看一半，從中間開始，又莫名奇妙結束，無頭也無尾。」

這句話當眞說進大家的心坎裡。因爲在這半小時的等待裡，包括我在內的全場觀眾，都已經從開始的不滿，不知不覺地被刺激、懸盪的審案過程所吸引，都希望包青天大人，快快斬掉這名仗勢欺人的負心渾蛋。眼見秦世美正從太后那裡搬來救兵，劇情開始轉進結尾戲的最高潮，此時那有心情改看脫光衣服的妖精打架？

眾人的噓聲、罵聲與要求聲，似乎令老闆相當不解。但是要看包公案簡單，只要再換回原先的帶子就是了。就這樣，史無前例地在向來只見暴力與色情的不合法戲院中，又演了將近二十分鐘正氣凜然的包青天，直到秦世美人頭落地爲止。

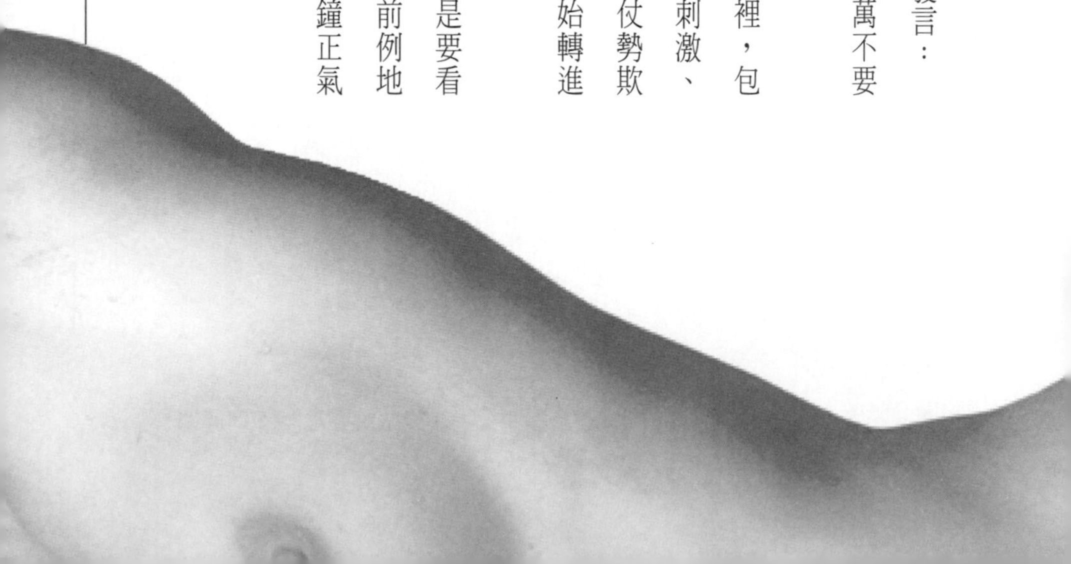

那一場戲結束後，走掉的人特別多。再過兩年，台北好像再也找不到所謂的「不合法戲院」。

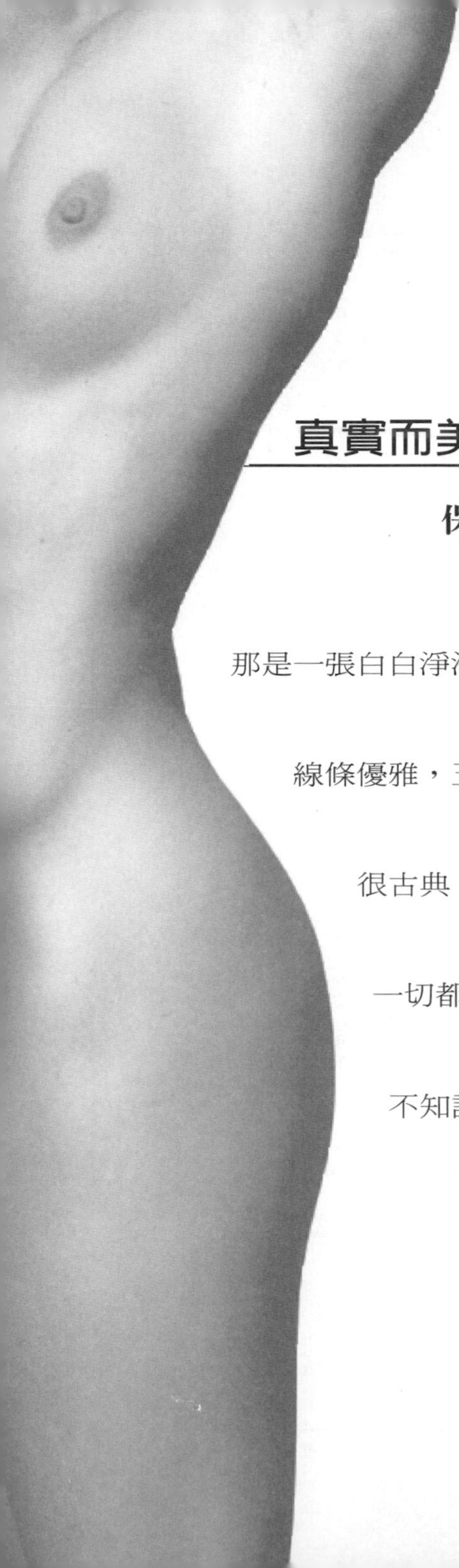

真實而美好的邂逅

保安街「綠燈戶」的回憶

那是一張白白淨淨

線條優雅，五官分明的姣好容顏

很古典，也很溫柔

一切都美好得

不知該怎麼形容才好

提起台北市的綠燈戶，很多人所想都是風光熱鬧的「華西街」寶斗里，不過，我倒是對蕭條、沒落的「保安街」更有感情。這或許因爲我在那一帶出生，曾親眼見識它的輝煌期；長大之後更因某種機緣巧合，對當地留下一段時、空都已經非常遙遠的美好回憶。

那是一九七二年八月，天氣非常晴朗的夏日清晨所發生的事情。當時正值暑假，還是國中生的我，每天都會從住處搭公車到重慶北路，再通過綠燈戶雲集的巷弄，前往位於保安街的圖書館讀書。

當地的路很多，老實說不一定非得通過綠燈戶不可，但我所走的路，一來的確是通往圖書館的捷徑；二來更因國中時期，正是對「性」，對綠燈戶這種最直接的性交易場所，充滿好奇與迷惑的年紀，既然它近在眼前，豈有故意繞路之理。

這一帶的綠燈戶，均設有避雨遮陽的騎樓。我總是故意走在騎樓廊下，如此只需稍稍轉頭，或將目光偏斜，便能將各家門面瞧得

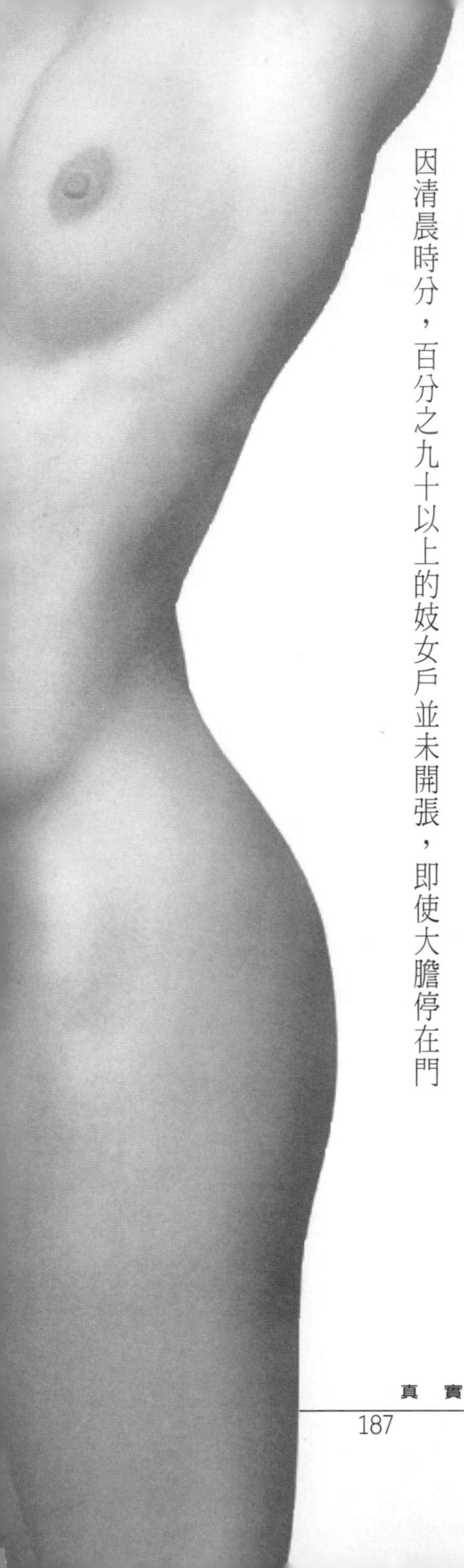

一清二楚，甚至經由打開的門，拉開的窗，直視大廳內部情景。

其實，未點起紅色小燈的綠燈戶，氣氛一點也不妖嬌、神秘；況且時間這麼早，女郎們通常在後面睡覺，就算偶爾見到她們坐在大廳，也是尋常人家打扮，不可能一大清早就換上攬客的暴露服裝，更不會搔首弄姿，擺出媚態。回想當時一定要走過那裡的心情，就只是想要「看看瞧瞧」而已，好不好看倒不是那樣重要。

除非是當地住戶，或有意尋花問柳之徒，一般人通常不會（也不一定敢）大大方方走在騎樓廊下。

我可以，除了年紀尚小，不會成爲她們攬客糾纏的對象外，更因清晨時分，百分之九十以上的妓女戶並未開張，即使大膽停在門口張望，也不一定有人理你。

至於從圖書館回家的下午或黃昏，又是另一種狀況。當時別說走到騎樓下，就連走進巷內我都會覺得膽怯，一陣天人交戰後，最後總是選擇繞路離去。

轉回正題。在那個讓我難忘的暑假清晨，我依舊邊走邊張望地進入綠燈戶雲集的小巷。沒多久，就從某扇打開的窗戶裡，見到令我至今仍心繫不已的女子。坐在大廳裡的她，穿著素淨的連身白衫，好像有點自戀、自憐地對著梳妝台的鏡子，整理一頭長而直的秀髮。

我還記得：她是用右手拿著梳子，左手攏著頭髮，身子很自然地微微傾斜。從我的角度，只能見到她的側面身影和鏡面所反射出的三分之二臉蛋，那眞是一張白白淨淨，線條優雅，五官分明的姣好容顏，很古典，很溫柔，一切都美好得不知怎麼形容才好！

長大後，我曾多次向友人提起這段年少的目擊經驗。當我說到

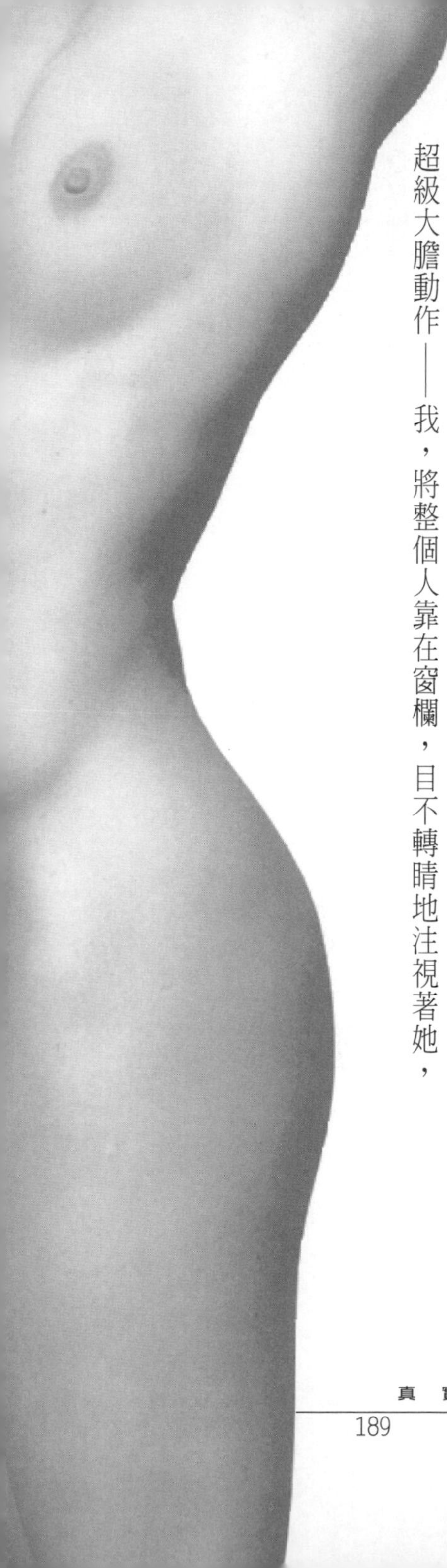

那女人的長相、神情與給我的感覺，說到她氣質如何高貴，梳頭的動作怎樣優雅時……，常被好友嘲笑並懷疑：一個年紀那麼小的國中生，怎麼可能觀察那麼多，感受又如此深刻？一定是我在記憶裡加油添醋，將往日情景給美化了。

不管別人怎麼想，我很清楚地知道事實正是如此。除了她的一切之外，我還記得當時大廳的傢具擺設，以及清晨的光線如何滲入室內，將氣氛暈染得如幻似眞。不過，如果連這種細節都能說出，恐怕會更叫人懷疑：眞的是在記憶裡添加色彩了！

無意中見到她後，我做了一次前所未有，而且以後未曾做過的超級大膽動作——我，將整個人靠在窗欄，目不轉睛地注視著她，直到對方發現好像有人（其實也只是孩子嘛）站在窗口，轉頭回望時，我才有點心虛地跑離現場。

她是否在此地工作？是不是妓女呢？

剛見到有個女人坐在綠燈戶的大廳時，當然直覺認爲是。清楚看見她後，又覺得她應該不是——怎麼可能是！那樣優雅的氣質與姿容，怎樣都無法與我當時所想像的「妓女」一詞扯上關係。

某位首度接觸高級聲色場合的朋友，事後曾經很頹喪地告訴我：「以後走在台北街頭，恐怕再也分不清誰是良家婦女，誰又是……」

他這樣說的時候，我立刻想起在保安街綠燈戶所見到的對鏡梳妝女子，想起年少時，總是想要界定她到底是不是妓女，那種「不清楚就很難過」的偏執。

一直等到好多年後，我才清楚當時那種心情，只是感性上所認定的不是，或者說「眞不希望她是」的情緒反映。

在無意驚見的邂逅之後，我多麼希望能在早上再次見到她。就算只瞧一眼也好。可是整整一個月，她未曾在那家綠燈戶裡出現。次年暑假，我換了圖書館唸書，也沒機會到保安街看她到底在不在。再過許多年，巷道拓寬，當地許多房子都拆了。她曾經坐著梳妝的綠燈戶，也整個消失變成公園，一切的一切，只能由記憶中回味了。

爾後，我有好多年沒再回去已經變得不一樣的保安街。就在台北市政府正式廢娼前一個禮拜，某位從事新聞工作的女記者告訴我，生平從未見識過綠燈戶，也不知道那裡的女郎長得什麼模樣，如果可以，希望我能帶她去看看。

她提出要求後的半小時，我們就已經到達保安街，選擇此區，除了個人感情因素外，此地離她上班的報社也不算太遠。當時約莫七點，天色幾乎全黑了，下午飄起的雨，剛好在幾分鐘前停止，只剩地上殘留的濕痕。或許天氣太差，或許是廢娼之日近在眼前，許多綠燈戶都提早歇業，讓氣氛更加寂寥、冷清。

曾經綠燈戶雲集的巷弄內，燈光稀稀落落，行人也只有寥寥數位。他們都快步走在巷內正中央，似乎沒有任何尋芳意圖。至於倚門賣笑的女郎，人數更是稀少。我們都快走完一半，總共也只見到三位。她們至少在中年以上，不管容貌、身材、打扮，每一項大概都不是很容易引起男人興趣。

我當然知道這一帶的綠燈戶早就日益凋零，沒想到在廢娼之前，竟衰敗得如此厲害。我悄聲詢問同來女子的意見。她也壓低聲音，好像相當失望似地回答：「實在不怎樣。」

說話時，我們的腳步未停。突然之間，眼前出現一幕頗怪異的

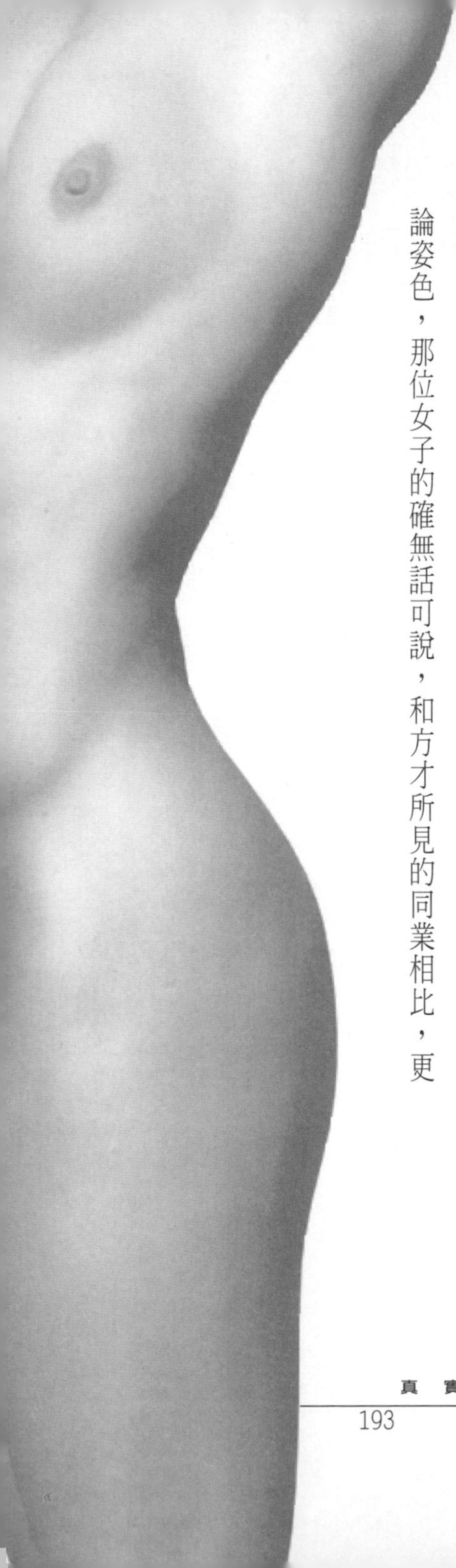

景象——朝我們走來的某位年輕人，竟猛然停下腳步，還目不轉睛瞧著綠燈戶的騎樓，好像被什麼吸引住似的。

由於柱子遮擋，從我們所站的位置，不清楚他到底看見什麼？但想當然耳：一定是在看倚門賣笑的女郎。聽說近些年還留在保安街討生活的風塵女，很難找出讓人眼睛一亮的佳人。因此當我看著那位呆呆站住的年輕人的同時，也不禁暗暗嘲笑他的品味——或許他已經很久沒碰過女人吧。

再走數步，我才見到對方所注視的女郎，這下換成是我——不，就連和我同來的女記者，也一起呆呆的立定當場。

論姿色，那位女子的確無話可說，和方才所見的同業相比，更顯得出色異常。穿著低胸開高叉禮服的她，身材挺拔地如同伸展台上的模特兒；塗抹濃妝的冶豔扮相中，更又有著宛如明星一般上鏡頭的臉蛋。眞要挑剔缺點，只能說儀態不夠端莊、氣質有待加強，但這對部分男人而言，恐怕是一種比較另類的吸引力呢！

「走吧！」轉過頭，我已經準備離開此地。旁邊的女記者好像意猶未盡地問我：「你確定，她實在很漂亮呢，你不想上去跟她說說話，或者問一下價錢嗎？你看，人家都已經過去搭訕了……」最後她笑著說：「是不是我在這裡妨礙了你？」

唉，還有什麼好問、好談、好逗留的呢？

再過一週，這裡什麼也不會留下，今夜所見的最後一位美女，所看到的這幕——它還能吸引男人的往日光輝情景……正好可爲自己多年來關於保安街的種種回憶，寫下最後一頁的休止符。

情色之旅 **李憲章Tourism系列1**

著　　者／李憲章
出 版 者／生智文化事業有限公司
發 行 者／林新倫
總 編 輯／孟　樊
執行編輯／于善祿
美術編輯／劉嘉淵
登 記 證／局版北市業字第677號
地　　址／台北市文山區溪洲街67號地下樓
電　　話／886-2-23660309　886-2-23660313
傳　　眞／886-2-23660310
印　　刷／科樂印刷事業股份有限公司
法律顧問／北辰著作權事務所　蕭雄淋律師
初版一刷／1998年11月
定　　價／新台幣180元
I S B N／957-8637-74-8

北區總經銷／揚智文化事業股份有限公司
地　　址／台北市新生南路三段88號5樓之6
電　　話／（02）2366-0309　2366-0313
傳　　眞／（02）2366-0310
南區總經銷／昱泓圖書有限公司
地　　址／嘉義市通化四街45號
電　　話／（05）231-1949　231-1572
傳　　眞／（05）231-1002

E-mail：ufx0309@ms.13hinet.net

國家圖書館出版品預行編目資料

情色之旅／李憲章著.--初版.--台北市：生智，1998
〔民87〕　面　公分.--（李憲章Tourism系
列；1）

ISBN　957-8637-74-8（平裝）

1. 特種營業 2. 性

544.767　　87013972